新版 伊勢神宮の謎

―なぜ日本文化の故郷なのか―

高野 澄

祥伝社黄金文庫

新版によせて

平成二十五年（二〇一三）十月、伊勢神宮《いせじんぐう》の第六十二回式年遷宮《しきねんせんぐう》がおこなわれる。

伊勢神宮とは皇大神宮《こうたいじんぐう》（内宮《ないくう》）と豊受大神宮《とようけだいじんぐう》（外宮《げくう》）のふたつの正宮の総称であるのはひろく知られているが、皇大神宮の遷宮は十月二日、豊受大神宮の遷宮は十月五日と別々におこなわれる。

第六十一回式年遷宮の経費は三百二十七億円だったが、第六十二回遷宮では殿舎建築の伝統技術継承にかかわる附帯事業がおこなわれるので前回より高額の五百七十億円が計上されている（式年遷宮広報本部のホームページ）。伝統技術継承事業の主要なものとして外宮の勾玉池《まがたま》の池畔に「せんぐう館」を創設することがきまった。工事は順調にすすみ、平成二十四年四月七日にオープン。平成二十五年六月には来場者数五十万人を突破したそうだ。

伊勢神宮にはすでに神宮徴古館《ちょうこかん》と神宮美術館が設営されている。ここで新たに「せんぐう館」が加わったわけだが、これほどまでに重視される遷宮の意味について、あらためてかんがえてみたい。

式年遷宮——それは二十年に一度の神の深呼吸ではないか

「せんぐう館」が創設された目的は何だろうか?

すでに立派な徴古館と美術館があるのに、あえて「せんぐう館」を新設したのは、遷宮という事業の意味や、めざすものが何であるか、それを、これまでよりもさらに鮮明なものとして世界に示そうとするからにちがいない。

徴古館と美術館の役割、それは何か? あえていうならば、神宮の過去の事業のエッセンスである。カミとヒトのつながりの、より良いかたちを求めて展開されたさまざまな事業を文書、祭祀の施設と器具、美術品などを通じてふりかえる場、それが徴古館と美術館だ。過去をふりかえることで将来を展望する意欲や姿勢は出てくるが、その意欲や姿勢を現実的なイメージとして示すのは徴古館や美術館の役目ではない。徴古館や美術館が存在する意味をこのようにかんがえると、対照的に、「せんぐう館」が創設された意味が理解されてくる。

式年遷宮はカミとヒトとのあいだで約束された行事である。カミはヒトにたいして、二十年間隔で新しい住まいに移ることを約束した。ヒトはカミにたいし、二十年間隔で新しい住まいを造営することを約束した。カミとヒトとのあいだの、二十年を一単位とする永遠の約束――カミが二十年の間隔で蘇生し、ヒトはカミの蘇生を助けることが約束されている。

伊勢のカミと伊勢の社殿の関係は、どのようなかたちをしているのか？

この問いに答えるには、伊勢の神を一個の生命体として想像する必要がある。

伊勢のカミは生命体だから、成長し、変化するが、社殿の構造は固定されたままであり、カミの成長や変化を阻止する。成長や変化を阻止された生命体は生きつづけられない。生きつづけるためには古い社殿から抜け出さなければならない。爬虫類や昆虫の脱皮とおなじ体験を伊勢のカミがおこなう。カミの脱皮、または蘇生の行為をヒトが手伝う、それが伊勢神宮の遷宮だとかんがえればいいのではないか。

蘇生して新しい二十年の第一歩を踏みだすとき、カミは深呼吸をするにちがいない。そのとき、ヒトは知らぬうちにカミの深呼吸に調子をあわせて深い息をつき、カミとのあいだに新しい約束がむすばれたのを確認する。カミとヒトの約束がむすばれるドラマを観る場が「せんぐう館」だ。

いや、ドラマを観るばかりではない。来《きた》るべき次の約束締結にそなえてヒトみずからがレッスンする場、それもまた「せんぐう館」だ。

「おかげまいり」と「ええじゃないか」

『伊勢神宮の謎』の旧版第6章「なぜ〝お伊勢まいり〟が全国に流行したのか」では、「お伊勢まいり」の特異な形態の「おかげまいり」と「ええじゃないか」を書くスペースがなかった。

新版を出すにあたり、このテーマを外したのはよろしくなかったのを痛感した。そこで黄金文庫編集部の承諾を得て、「なぜ慶応三年の「おかげまいり」は「ええじゃないか」の騒動になったのか」を第7章として追加することにした。

ほぼ六十年の間隔をおいて、まるで間欠泉のように、突如として、おどろくほど多数の参詣者《さんけいしゃ》の集団が一斉に伊勢をめざす、それが「伊勢まいり」のバリエーション「おかげまいり」である。

くわしくは本文を読んでいただくとして、「おかげまいり」によって、それまでの伊勢参詣の意味が大きく変化したのではないかとかんがえられることを一言しておきたい。

天皇だけの義務であった伊勢参詣が庶民にもゆるされてしばらくのあいだは、伊勢神宮に参詣できたこと、それ自体が喜びであった。

伊勢参詣は庶民の義務ではないのだからそれで当然といえるが、「おかげまいり」がはじまると、伊勢参詣は庶民の義務に近いものとして意識されるようになった。

伊勢に参詣すべきではあるが、あれこれの事情があって参詣できず、恥ずかしい思いをしてきた。それがこのたび、「なになにさまの〝おかげ〟で」または「思いがけぬ僥倖《ぎようこう》の〝おかげ〟で」参詣できた、まことにありがたいことです、といった雰囲気が濃厚になった。「伊勢参詣イコール義務」の感覚は「おかげまいり」の影響で発生したように思われる。

旧版『伊勢神宮の謎』から二十年もの時間が過ぎ、いまこうして新版刊行の運びとなったことを感謝いたします。

新しい章を第7章「なぜ慶応三年の「おかげまいり」は「ええじゃないか」の騒動になったのか」として追加したほか、われながら未熟な表現といわざるをえない箇所を訂正しました。

二〇一三年・初夏

高《たか》野《の》　澄《きよし》

まえがき

伊勢神宮《いせじんぐう》についてはこれまで、皇室の神社とか国家の神道《しんとう》といったことが強調されてきた。

もちろんそれは事実なのだが、皇室や国家との関係を強調するその反面、カミと人間という普遍的なことについての、自由で深い思索や議論を軽んじてきた傾向があったのではないだろうか。

そうであるなら、こんなに勿体《もったい》ないことはないと思うのである。

誤解を恐れずにいうと、まず、カミについて考えるのは文句なしに楽しい。

人間の世界ではどうにも解決のつかないことが、それをカミの世界にもっていくと、「なーんだ、こんなに簡単なことだったのか」と、あっさり解決することも少なくない。

「カミのことなら伊勢に限らない。伊勢以外のすべてのカミについて考えた後でなければカミのことを口に出してはならん」

こんな意見が出てくるかもしれないが、皇室の祖神とされる伊勢だけに、すでにひじょうに多くの事柄が語られていて、現代人が参加しやすい環境が出来上がっている。

式年遷宮《しきねんせんぐう》が来年（一九九三年）にせまっているのはチャンスだ。伊勢のカミは、なぜ二十年に一度の遷宮を繰り返さなくてはならないのか、手間も費用も大変だろうに！　こういう問題を考えることから、カミと人間との親和が濃厚になる。考えないと、カミと人間とが遠ざかってしまう。

伊勢神宮は伊勢にある。

これは当然のこととして、神宮を支えてきた伊勢や志摩《しま》の歴史と風土にはおのずからほかの地方とは異《こと》なる、独特のものがある。人間の生活の舞台としてはどこもおなじで、区別をつけることもないのだが、カミを中心にして送られてきた時間の長さゆえに、伊勢や志摩は独自なものを育ててきた。

楽しい好奇心さえあれば、さまざまの質問にこたえてくれるのが伊勢や志摩、そして神宮なのである。

たとえばこんな糸口がありますよ——そんな気持ちでテーマを選び、わたくしなりの解釈と想像をふくらませた結果が一冊の本になった。

一九九二年・秋

高野《たかの》　澄《きよし》

目次

新版によせて　3
まえがき　8
地図　20

1　なぜ「内宮《ないくう》」と「外宮《げくう》」に分かれているのか――25
――二柱《ふたはしら》の神が祀《まつ》られている理由

森有礼《もりありのり》暗殺と伊勢神宮　26
「文明開化」に怯《おび》えた神道《しんとう》関係者　28
森文相に示された明らかな悪意　32
「神道」が定着した真の理由とは　37
歴代、争いを繰り返してきた「内宮《ないくう》」と「外宮《げくう》」　40
「誓いはおなじ伊勢の神垣」とは　44

外宮の地理上の優位と「収入」の関係　47
内宮、外宮のそれぞれの神とは　52
あとから来た神、豊受大神《とようけのおおかみ》の出自　55
本来、独立した神社だった「外宮」　58

2　なぜ、二十年ごとに再建されるのか——莫大な遷宮費はいかにして集められたか　61

神々の「再生」を願う式年遷宮　62
三百五十億円を要する現代の「遷宮」　65
遷宮費に悩まされた朝廷最大のプロジェクト　67
明《みん》貿易にも投資した伊勢神宮　74
奇妙な尼寺・慶光院《けいこういん》とは　77
「朝廷が信頼する尼僧」清順《せいじゅん》の役割　80
信長、秀吉も協力した内宮・外宮〝同時遷宮〟　82
神宮と慶光院との根本的矛盾　86

3　なぜ「ふたつの正殿」は〝同じ造り〟ではないのか――89
――天に向かう「千木《ちぎ》」そして「堅魚木《かつおぎ》」の秘密

〝唯一神明造《ゆいいつしんめいづくり》〟といわれる両宮の相違　90
千木《ちぎ》――内宮は水平に、外宮は垂直に　92
千木と堅魚木《かつおぎ》に見られる「両性対称の原則」とは　94
御柱《みはしら》にこめられた聖なる意味　96
混沌《こんとん》のなかで生きる「直線」美　98
神に奉仕する人々の「心身の平静」　100

4　なぜ僧侶が、伊勢神宮に参詣したのか――105
――伊勢へ向かった僧の一団と「東大寺大仏」の謎

「僧侶は拝殿に近づいてはならぬ」　106
なぜ「お経」はタブーの言葉なのか　111
仏教伝来時まで遡《さかのぼ》る「反仏教」思想　113
奇妙な逸話――大仏建立《こんりゅう》に感激した天照大御神　114

再三、伊勢へ向かう僧の一団とは……　116
ひとつの手掛かり、伊勢・丹生《にう》村に眠る「水銀」　121
国家の大事業に不可欠だった伊勢水銀　124
行基《ぎようき》、重源《ちようげん》――ふたりの傑出した僧　126
神官立ち合いのもとにおこなわれた重源の参詣　128
水銀のメッカ、丹生村と神宮寺　130
水銀から〝伊勢白粉《おしろい》〟へ　133
梅毒の特効薬も〝伊勢水銀〟だった　137

5
神に仕《つか》える皇女・斎宮《さいぐう》の生活――古代から中世まで続いた〝神に嫁《とつ》いだ皇女たち〟　141

伊勢の皇女と「おとこ」のロマンス　142
神に仕える皇女・斎宮とは　145
初代斎宮は崇神《すじん》天皇の皇女だった　147
厳しい修行を要する〝斎宮〟の条件　151
遷都にも等しい斎宮の伊勢赴任　155

ジャック・プレヴェール幼稚園　156

6　なぜ〝お伊勢参り〟が全国に流行したのか――参詣を勧誘し、各地に〝日常雑貨〟を運んだ「御師《おし》」――159

日本各地で愛用された〝伊勢暦《いせごよみ》〟　160
天体の運行を支配する〝帝王の暦〟とは　163
伊勢参詣の大衆化を図《はか》った「御師《おし》」とは　165
「御師」なくしては参詣できなかった？　170
権勢を誇った神宮家・度会《わたらい》と荒木田《あらきだ》　172
御師の地方代理人〝先達《せんだつ》〟と伊勢暦　176
〝神々の使い〟が運んださまざまな日常品　178
伊勢参詣は、天皇家のみのものだった？　180
寄進と引き換えに与えられた〝栄誉〟　182
御師に与えられた関所の通行特権　185
御師の特権が開いた商品の流通ルート　188

7　なぜ慶応三年の「おかげまいり」は「ええじゃないか」の騒動になったのか――193
――異様ずくめの騒ぎと倒幕派のたくらみ

「おかげまいり」とは　194
「おかげまいり」はほぼ六十年おきにおこなわれた　197
参詣者はくちぐちに「おかげまいりは抜けまいり」と唄った　200
明和から「抜けまいり」の性質が濃厚に　203
平賀源内《ひらがげんない》と「おかげまいり」　205
施行《せぎよう》さまざま　206
善意の施行がすべてではなかった　209
幻想の産物――文政の「おかげまいり」　210
「文政おかげまいり」の特徴　212
「ええじゃないか」に変貌した慶応三年の「おかげまいり」　213
「ええじゃないか」のお囃しにつられて踊る　217
アーネスト・サトウがみた「ええじゃないか」　219

岩倉具視らの策謀　223
京都の「ええじゃないか」は十二月でぴたりと終わった　225
「おかげまいり」の期待はいまだに実現されていない　227

8　なぜ〝伊勢型紙〟商人に「苗字《みようじ》・帯刀」が許されたのか――229
――紀州徳川家の母港を拠点に栄えた白子《しろこ》商人の誇り

ロシアへ漂流した大黒屋光太夫《だいこくやこうだゆう》の誇り　230
徳川家ゆかりの港――白子《しろこ》　231
民間の〝白子船〟に与えられた莫大な特権　234
二度と故郷の地を踏めなかった光太夫　237
さまざまな伝説に彩《いろど》られる「白子型紙」　240
地方の閉鎖性を破った戦国時代　243
高まる白子型紙の需要と技術流出の恐れ　245
「公用荷」と同等に扱われた白子型紙の特権　247
株仲間によって厳格に守られた掟《おきて》　250
なぜ型売商人に「苗字・帯刀」が許されたのか　252

「白子型紙」が市場独占しえた理由　254
自主努力により、つねに「新たな柄《がら》」を　257
やがて訪れる「特権」失墜のとき　259
「伊勢木綿」と「伊勢型紙」の二重利益　262

9　なぜ〝海女《あま》伝説〟が志摩《しま》に生まれたのか――265
――寄せ来る「常世《とこよ》の浪」が育《はぐく》んだ海洋文化

奇妙な立場にあった「志摩国《しまのくに》」　266
朝廷の「御食《みけ》つ国」としての特殊事情とは　269
特異な海洋文化に支えられた志摩　272
アマははじめから「海女《あま》」だったのか？　274
『古事記』に記された〝海女〟の起こり　278
神宮の伊勢遷宮を促《うなが》した〝海女伝説〟　280
「常世《とこよ》の浪」が育《はぐく》む珍宝・真珠　281
世界にさきがけた養殖真珠・ミキモトパール　285

10 海の難所・大王崎《だいおうざき》の〝天の恵み〟とは何か――――289
――海難事故が続出する村を襲った「波切《なきり》騒動」の真相

志摩・波切《なきり》でなければ起こりえなかった事件 290
海の難所・波切の荒波 292
度《たび》重なる難破と破船の脅威 294
難船のたびにおこなわれた〝海難審判〟 296
海を漂流する御城米 298
密告によって露見した〝波切騒動〟の顚末《てんまつ》 299
どうあっても隠し通したかった〝真相〟 304
波切の人々の生死にかかわる〝掟《おきて》〟 307
難破事故に明け暮れた人々の教訓 310
〝難破〟は船頭と村人の偽装工作だったのか 313
波切の名物・難破船の恵み 315

11 伊勢を掌握《しょうあく》した野望の武将たち——319
——海を制した平清盛《たいらのきよもり》・九鬼嘉隆《くきよしたか》の盛衰

海の道・伊勢路と平氏 320
平氏隆盛の基盤だった〝伊勢〟の地 322
平清盛——伊勢路での奇妙な逸話 324
伊勢平氏発祥の地に残る「忠盛《ただもり》塚」 326
熊野に通じるもうひとつの路《みち》・紀伊路 328
熊野灘《なだ》と枯木《かれき》灘を掌握していた「熊野水軍」 330
鳥羽《とば》に城塞を構えた「九鬼《くき》水軍」 332
信長と手を結び、志摩一帯を握った海賊 334
答志《とうし》島・潮音《ちょうおん》寺に伝わる九鬼嘉隆の無念 338

〈**写真協力**〉
神宮司庁／神宮文庫／三重県物産観光東京斡旋所
愛知県観光協会東京案内所／三重県立博物館

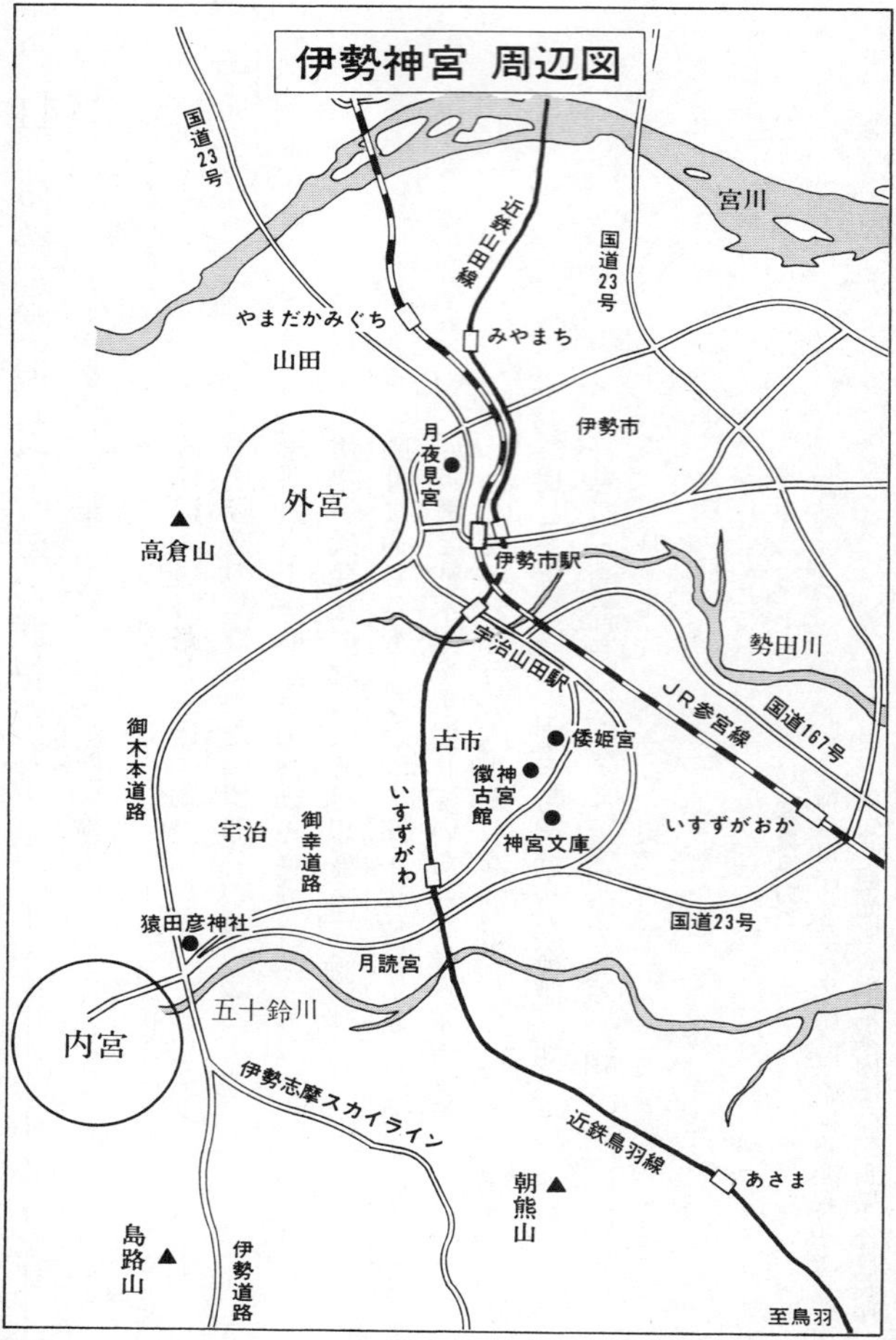

伊勢神宮　周辺図
国道23号
近鉄山田線
宮川
国道23号
やまだかみぐち
みやまち
山田
伊勢市
月夜見宮
外宮
高倉山
伊勢市駅
勢田川
宇治山田駅
JR参宮線
国道167号
御木本道路
古市
倭姫宮
神宮徴古館
いすずがわ
宇治
御幸道路
神宮文庫
いすずがおか
国道23号
猿田彦神社
月読宮
五十鈴川
内宮
伊勢志摩スカイライン
近鉄鳥羽線
朝熊山
あさま
島路山
伊勢道路
至鳥羽

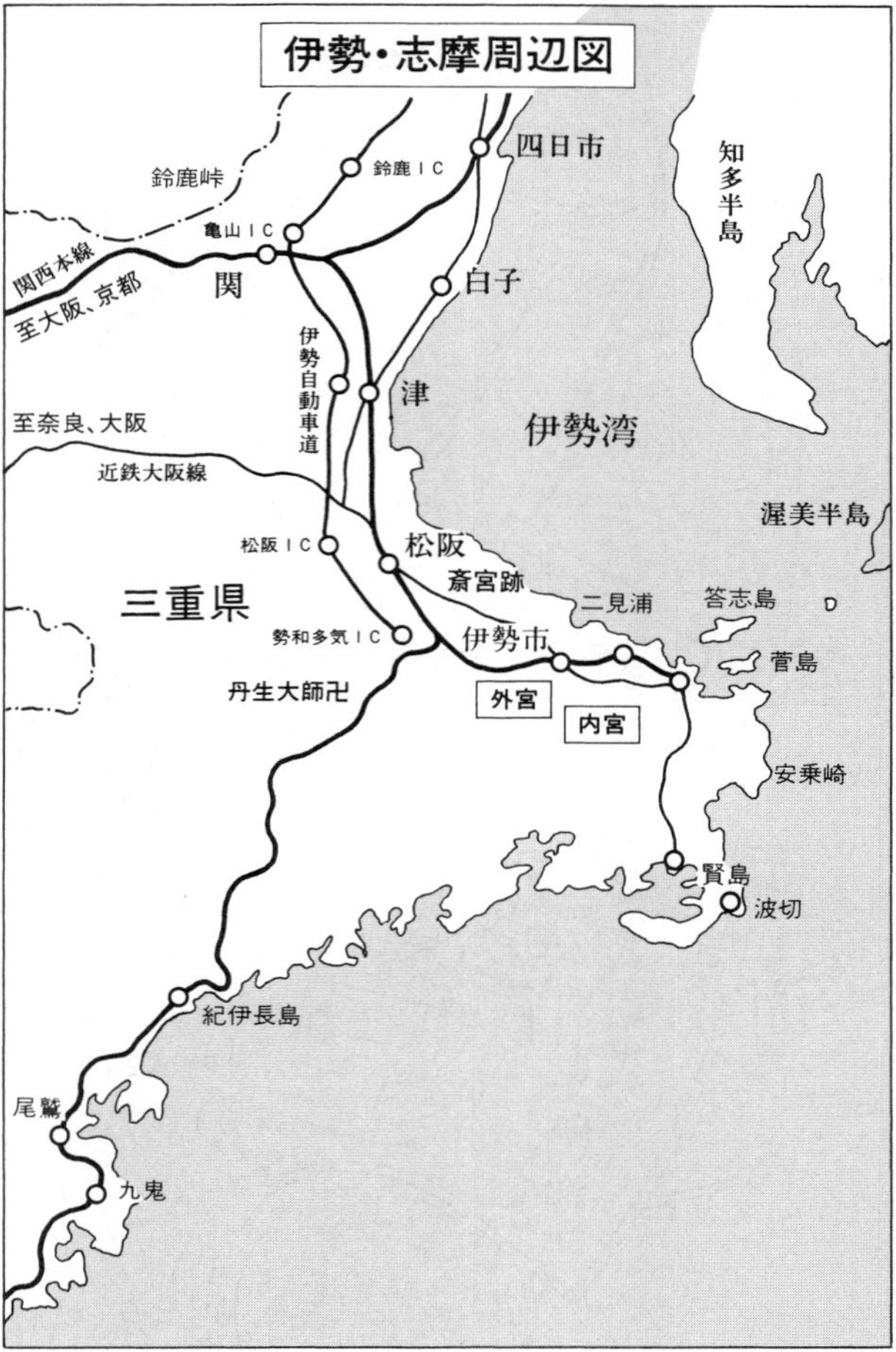
伊勢・志摩周辺図
四日市
鈴鹿IC
鈴鹿峠
知多半島
亀山IC
関西本線
至大阪、京都
関
白子
伊勢自動車道
津
至奈良、大阪
伊勢湾
近鉄大阪線
渥美半島
松阪IC
松阪
斎宮跡
三重県
二見浦
答志島
勢和多気IC
伊勢市
菅島
丹生大師卍
外宮
内宮
安乗崎
賢島
波切
紀伊長島
尾鷲
九鬼

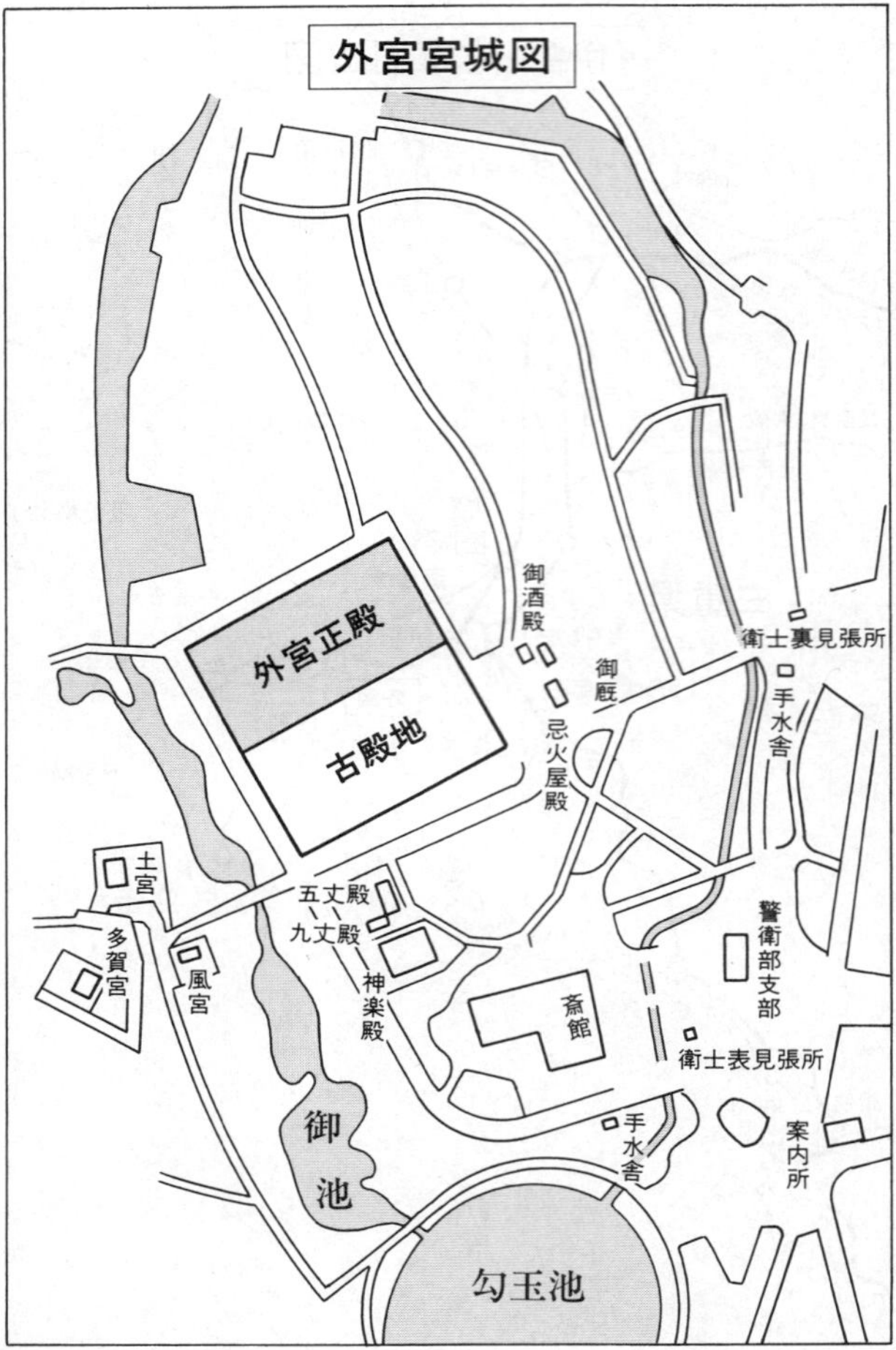
外宮宮城図
外宮正殿
古殿地
御酒殿
御厩
忌火屋殿
衛士裏見張所
手水舎
土宮
多賀宮
風宮
五丈殿
九丈殿
神楽殿
斎館
警衛部支部
衛士表見張所
手水舎
案内所
御池
勾玉池

内宮宮城図
島路川
風日祈宮橋
風日祈宮
御贄調舎
古殿地
内宮正殿
御稲御倉
忌火屋殿
五丈殿
神楽殿
内御厩
滝祭神
外幣殿
由貴御倉
御酒殿
斎館
御手洗場
荒祭宮
御池
手水舎
外御厩
饗膳所
内宮参集殿
五十鈴川
衛士見張所
宇治橋
衛士見張所
神宮司庁

1　なぜ「内宮《ないくう》」と「外宮《げくう》」に分かれているのか

——二柱《ふたはしら》の神が祀《まつ》られている理由

森有礼《もりありのり》暗殺と伊勢神宮

伊勢神宮には内宮《ないくう》と外宮《げくう》とがある。

いちばん奥にあるのが内宮で、内宮の外側にあるのが外宮だというならわかりやすいが、そうではない。

内宮は伊勢市の宇治《うじ》に、外宮はおなじく伊勢市の山田《やまだ》にあって、五キロメートルも離れている。どちらが「内」、どちらが「外」と簡単には認識できないのである。

伊勢神宮の「内」と「外」とは、ふつう一般の「内外」の相違とはちがうものだから、一度考え出すと頭が痛くなって始末がわるい。

たとえば、内宮を先に参拝するのが正しいのか、それとも外宮が先か、どちらを先にしてもかまわないのか、一方に参詣《さんけい》すればもう一方には行かなくてもいいのかという問題が起こる。

明治二十二年（一八八九）二月十一日、東京で森有礼《もりありのり》という人が斬り殺された。

森有礼といっても知らない人が多いかもしれないが、ふつうの人ではない。薩摩《さつま》の出身で、殺されたときには日本最初の文部大臣の地位にあった。

この日もまた、ふつうの二月十一日ではなかった。大日本帝国憲法（明治憲法）が発

俗界から神域へとつなぐ内宮《ないくう》の宇治《うじ》橋

布、衆議院議員選挙法が公布された、近代日本の成人式みたいな日だった。

二月十一日、東京でひらかれる憲法発布記念式典に出席する森文部大臣の官邸はごたごたしていて、西野文太郎が森の身辺に近づくのを、不審に思ってさえぎる者がいなかった。

玄関に姿を現わした森有礼に近づいた西野は、

「あなたが森さんですか」

「ウン、そうだ」

森の身体をかかえこむようにして、袴《はかま》に隠していた出刃包丁でグサリとひと突き、止《とど》めを刺そうとしたところを剣道達者の護衛が首を切り落とした。

森が絶命したのはつぎの日の十二日だ。

森文部大臣の暗殺には、伊勢神宮の内宮と外宮の問題がからんでいた。

事件の経過を追ってみよう。

「文明開化」に怯《おび》えた神道《しんとう》関係者

森有礼は「文明開化」という言葉を絵に描《か》いたような進歩的な人だった。

まだ明治になっていない慶応元年《けいおう》（一八六五）に密出国してイギリスへ留学し、それからアメリカに渡って西洋文明の吸収に磨きをかけて帰ってきた。

政府の公議所という役所の議長になってまず主張したのが「官吏《かんり》や将兵のほかは刀を差さないでよろしい」という法律案である。

武士の魂たる刀を個人の自由にするとは何事か！　とごうごうたる非難を浴びて官位をとりあげられ、薩摩に引退した。

それから官界復帰をはたし、アメリカ駐在の外交官を皮切りに日本最初の内閣、つまり第一次伊藤内閣の文部大臣になった。

こうなるまでにも文明開化の旗を振りつづけ、啓蒙《けいもう》的な雑誌『明六雑誌《めいろく》』に妾《めかけ》をかこうことを非難する「妻妾論」を連載し、広瀬阿常《おつね》という女性と契約結婚をして持論をつらぬくなど、はりきっていた。

大学から小学校までの全国統一の学校令を施行したのも森文部大臣である。

反発も強い。

はじめは各学校の随意だった授業料を強制徴収にかえて、父兄や学生の怒りをかった。

小学校の教科書に国家の検定制度を導入して出版業界を怒らせた。

しかし森文相は反発にも屈せず、ますます文明開化の教育方針をとりつづける姿勢をみせた。

決定的だったのが、「森は学校にキリスト教を導入しようとしている」との噂がとびだしたことである。

森有礼とキリスト教――これはいかにも似合いのものだが、個人の信仰ならばともかくとして、彼には学校に特定の宗教を導入する気はぜんぜんなかった。神道も仏教もキリスト教も、およそ宗教と名のつくものを国家の権力で押しつけるのは「信仰の自由」を信奉する彼にはありえないことだった。

だが、危機感をつのらせた神道関係者は神道を国の宗教として採用することをしつこく請願し、それを森はあっさりと却下した。

「森文相は神道を排斥するつもりではないか？」

「それにちがいない。だからこそ、神道に対してこんなに冷たい態度をとるのだ」

その焦《あせ》りが森有礼と伊勢神宮との関係をのっぴきならないものにした。

宇治橋の前に建つ鳥居。外宮《げくう》の橋には鳥居がない

森文相に示された明らかな悪意

まず暦《こよみ》が問題になった。

暦といってもカレンダーのことではなく、新聞購読の勧誘に景品として使われたりする、あの古風な暦である。

江戸時代からずーっと、暦といえば伊勢神宮でつくる「伊勢暦」が有名だった。伊勢のほかでも暦をつくっていたが、なんといっても伊勢暦の名が圧倒的だった。

伊勢暦についてくわしいことは、6章「なぜ〝お伊勢参り〟が全国に流行したのか」を見ていただくことにして、いまここでは、暦の販売が伊勢神宮の重要な収入源になっていたことを覚えてもらえばいい。

明治になってからは内務省の管轄で神宮司庁でつくっていたが、森はそれを文部省の管轄に移管し、大学でつくらせることにした。

メシの食いあげを強《し》いられた神官たちが森文相を目の敵《かたき》として憎むのは当然だ。

険悪な雰囲気になったのを知ってか知らずか、森文相は伊勢神宮に参拝した。

だいたい森有礼という人は神社仏閣を粗末にしない人で、地方の視察旅行で神社仏閣を見れば車を停めさせて参拝するのを常としていたのだから、わざわざ伊勢神宮だけを参拝したわけではない。

文部省の役人、三重県知事、警察関係者の大勢を従えた森は外宮の鳥居前で下車し、神官の案内でひとりだけ御幌《みとばり》の前に進んだ。

とつぜん神官が腰をかがめ、「これから先に進んではなりませぬ」とでも言うように森の行手をさえぎった。

参拝してはならない区域に足を踏みこんだのかと森は思ったらしく、あわてて二歩ほど後ろに下がった。

森の秘書官としてすぐ目の前で一部始終を見ていた木場《きば》という人には、神官の行動がじつに奇怪に見えた。

文部大臣ほどの重要人物を案内するからには、ここで止まって、こちらで柏手《かしわで》を打ってと、手に手をとるように教えるのが当然のはずだ。

それをやらず、まるで、

「神聖なるべき場所にズカズカと泥足で踏みこんではなりません！」

そう言わんばかりの姿勢で森の行動を制止したのである。

森は神宮参拝のくわしいしきたりを知っていたわけではないが、自分は文部大臣なんだから一般の者よりももっと奥にゆける、あるいは、そうするのが大臣たるものの義務だ、ぐらいに思っていたのかもしれない。

木場秘書官の幼いときの記憶では、母といっしょにもっと奥まで進んで参拝した経験がある。神聖な区域にはちがいないが、参拝料の金額次第で庶民でも近づける区域だったのだ。

木場秘書官は「神官の策略があって、陥《おとしい》れられたというふうに考えられた」と証言している(篠田鉱造『明治開化奇談』)。

御幌の前まで進んだのは森と神官のふたりだけだったのだから、森の行動にあれやこれやの解釈をつけて世間に吹聴したのは神官そのひとのほかにはない。

そしてそれは「森文相は拝殿に靴をはいたまま昇り、ステッキで御簾《みす》をもちあげて奥をのぞきこんだ」という、とんでもない噂になって流れるのである。

拝殿には昇らなかったのだから、靴をはいたままだったというのは問題にならないし、ステッキは脇にかかえていたが、ステッキで御簾をもちあげなかったのは木場秘書官が目撃している。

文部大臣の不敬な行動――噂には尾鰭《おひれ》がつく。

外宮の外玉垣《とのたまがき》南御門で拝する参拝者

森は内宮より先に外宮に参拝した。

そして神官に、「内宮と外宮とでは、どこに相違があるのか?」と質問した。

「おなじでございます」

問答を聞いていた秘書官の感じでは、森の質問は内宮と外宮との建築様式についてのものだと神官は解釈し、だから「おなじです」と答えたように思えた。

「おなじであるのか、それなら内宮には参拝しないでよろしいのじゃな」

森はこう解釈し、外宮だけを参拝して宿舎の二見《ふたみ》の朝日館にもどったが、機嫌をそこねているのは明らかだった。

三重県知事や神宮司長が朝日館に追いかけていって森に不手際を詫《わ》びた事実があるから、現場の印象としては森にミスはなく、神官の応対に問題があったとされたわけだ。

それが、「外宮だけでは伊勢参拝とはいえぬ。森はそれを知っていながら、わざと内宮への参拝を怠ったに相違ない」という噂になり、ステッキで御簾を云々《うんぬん》、の噂とかさなって西野文太郎という青年に森暗殺を決意させたのである。

「神道」が定着した真の理由とは

西野文太郎は山口県の出身で、父は神官をしていた。学問で身をたてようと東京に出ていったが学費がつづかず、内務省土木局の雇員になって働いていた。

学生のアルバイトである。いまならめずらしくもなんともないことだが、親の仕送りでだらだらと遊び暮らす学生が少なくなかったのも事実だから、西野青年の怨みはつのり、神官の父の懐《ふところ》を貧しくしたのは森の文明開化一辺倒の文教政策だとばかりに思いこんだのだろう。

神仏分離、廃仏毀釈《きしやく》の嵐が吹いて仏教僧侶の生活はひどい状態になっていたが、それにくらべれば神官のほうはまだましだった。

政府が神道を統制下に置こうとしていたのは事実だが、といって神官の日常生活まで左右しようというのではない。

それにもかかわらず、神官階層は深い不安におそわれていた。文明開化、西洋化の嵐である。

「仏教とおなじように神道もまた否定され、忘れられてしまうのではないか？」

神官の不安が具体的、深刻なのは当然ながら、この不安は国民のかなり多くの部分と共通するものでもあった。

社会の激変に追いつけずに落伍しかかっている階層は、自分たちの落伍の原因を社会の激変にもとめた。そこに出てくる答えは文明開化、西洋化ということになる。現実認識として正しい、正しくないではなくて、このほうが納得しやすいからだ。

西野青年は自分を勤皇の志士になぞらえていたそうだ。宮城《きゅうじょう》（皇居）の前に平伏して、高山彦九郎《たかやまひこくろう》みたいに遙拝《ようはい》していたこともあるそうだ。

つまり西野は明治二十二年という年に、明治維新にならってふたたび革命を起こそうとしていたわけだ。

「神道を守れ！」

これがスローガンである。

そうして、神道を踏みにじった森有礼文部大臣を血祭りにあげて革命の第一歩にしようと計画したのである。

殺された森について世間は冷たかった。少なくとも、森を殺した現場で首を切り落とされた西野文太郎を礼讃《らいさん》したほどには森の命を惜しまなかった。

東京医学校の教師をしていたドイツ人のエルウィン・ベルツは、西野文太郎を賛美する記事を載せた五紙以上の新聞が発行停止の処分を受けたことを日記に記し、さらにつぎのように書いている。

「上野《うえの》にある西野の墓では、霊場参りさながらの光景が現出している！　特に学生、俳優、芸者が多い。よくない現象だ。要するに、この国はまだ議会制度の時機に達していないことを示している」（『ベルツの日記』菅沼竜太郎訳）

群馬県の沼田《ぬまた》で少年時代を過ごしていた生方敏郎《うぶかたとしろう》は、森暗殺事件から数カ月後に門付《かどづ》け芸人がやってきて西野文太郎賛美のクドキ（口説き節）をうたっていたのをおぼえている。

「誠に憐《あわ》れな節廻しで、今もなお私の耳底に留《とど》まっているように思われる。母は、『森有礼はステッキで伊勢の大神さまの帳《とばり》を上げて中をのぞいたそうだ。それで西野文太郎が殺す気になったのだとさ。いくらヤソ宗（キリスト教）だからって、よくまあ、そんな勿体《もったい》ねえ真似《まね》が出来たものだ』と語った。

後で聞けば、これは当時の保守派が森氏を誣《し》うるために作った話だそうであるが、一般の人々はこの宣伝に乗せられて森氏の非礼を憤《いきどお》っていたから、西野文太郎の方に同情した」（生方敏郎『明治大正見聞史』）

文部大臣を殺された政府としては暗殺者の西野を賛美するわけにはいかなかったが、世間が西野を賛美するのを見て大きなヒントを得たのはまちがいない。

それは、多くの国民が神道とか神社といったものを大事なものに思っていること、神道を利用すれば国民の気持ちをがっちりとつかむことが可能だという発見であった。

神道に対する政府や学者の考え方が新しくなってきた。

「神さまをうやまえ」というだけでは古くて役にたたない。神さまをうやまう信仰の究極に天皇を置くことによって、神道はまったく新しい姿になる。

森有礼文部大臣を殺した西野文太郎は、神道が新しく生まれかわる助産婦の役割をはたしたといってよく、事件の発端となった伊勢神宮に対する国民の尊敬度は急上昇した。

歴代、争いを繰り返してきた「内宮《ないくう》」と「外宮《げくう》」

さて、伊勢神宮の内宮と外宮の問題にもどらなくてはならない。

森有礼に「内宮と外宮は、どうちがうのか?」と質問された神官は、これを建築様式の相違の有無の質問だと解釈したらしい、ということになっている。

五十鈴《いすず》川に設けられた内宮・御手洗《みたらし》場で清めるひとびと

証拠なしに疑うのは申しわけないが——証拠がないから疑わざるをえないわけでもある——それは本当だったのか？

森は、内宮と外宮それぞれの歴史についてたずねたのではなかったろうか？

基礎教養を外国で受けた森である、そんなことを知らないはずはないとは言いきれない。

本当に知らなかったのかもしれないが、それにしても、である、「内宮と外宮は、どうちがうのか？」と問われて「（建築様式のことなら）おなじです」と答えたのは筋ちがいもはなはだしい。

もっとも、この答えが弁明として用意されていたのであれば上出来といわねばならないだろう。

「なにせ私といたしましては、建築様式の相違のご質問だとばかり思いこんでおりましたから」

すんなりと通る弁明ではある。誤解や錯覚の責任は追及できないからだ。

証拠はないのだが、どうやら神官は森を内宮にゆかせたくなかったのではないか、そういう気がしてならないのである。

この推測が正しいとして話を進めると、神官が森を内宮にゆかせたくなかったのは「文部大臣を不敬事件にまきこんでやろう」という狙《ねら》いからではなかったはずだ。

それでは何が狙いだったかというと、内宮に対するライバル意識である。

内宮と外宮との有形無形の争いには長い歴史があった。

鎌倉時代の永仁《えいにん》四年（一二九六）にはげしい争いが起こった。それまでにもいろいろと対立はあったのだろうが、争いの記録がはっきりしてくるのはこの事件からだ。

員弁《いなべ》郡石河《いしかわ》に外宮の御厨《みくりや》（皇室や神社の荘園）があった。

石河御厨からの年貢が送られてこなくなった。いくら催促してもあれこれと理屈をつけて払わないので、外宮が訴えた。

その訴訟の文書に外宮のことを「豊受《とようけ》皇大神宮」と書いたのだが、これを内宮が非難した事件である。

外宮は「豊受大神宮《とようけだいじんぐう》」、内宮は「皇大神宮《こうたいじんぐう》」というのがふつうの呼び方である。それまでは外宮自身も「豊受大神宮」と書いてきたのを、どういうわけか、このときは「豊受皇大神宮」と「皇」の字をあいだに入れて書いた。

皇大神宮という名を誇りにしてきた内宮としては黙ってはいられない。「皇」の字を取り消せと申し入れて、争いになった。いまならさしずめ「称号の部分盗用」とでもいう事件に相当するのだろう。

内宮の対応は承知のうえだったらしく、外宮はここぞとばかりに数々の証拠の文書を提出した。外宮が「豊受皇大神宮」と呼ばれることの歴史的正当性を証拠づける文書で、のちに度会《わたらい》神道の基本典籍『神道五部書』としてまとめられる五種類の文書《もんじょ》、そのほかである。

「天照坐伊勢二所皇太神宮御鎮座次第記」「倭姫命世記」「豊受皇太神御鎮座本紀」――名前をならべただけでも頭がクラクラしてくるようだ。わたくしなんかにはとても手におえないとあきらめているので、正直なところを告白しておかねばならない、一度も読んだことはありません、と。

それはそれとして、これらの文書の素性に対しては疑問が出されている。はっきりいえば、贋物《にせもの》ではないか、という疑問だ。

「誓いはおなじ伊勢の神垣」とは

たとえば昭和四十九年刊行の『三重県の歴史』の著者、西垣晴次《にしがきせいじ》氏はこう述べられているのである。

「これらはこの時代になるまでまったく神宮側の記録にすら名称のあらわれてこないものであり、その記する日付けをそのまま信用はできない。それにこれらの典籍の内容はそれぞれ互いに重複する部分が多く、同時期に執筆されたものであることを示している。大体、文永《ぶんえい》（一二六四～七五）弘安《こうあん》（一二七八～八八）以後、それも比較的短時日のうちにつくられ、その権威づけにことさら古い日付けをつけたものと考えられている」（カッコ内の年代は高野が加えた）

といって、すべてが偽作だというのではなく、「神宮に伝えられた古記録も含まれているというのが今日の学界での共通理解」だそうである。

このときの争いのくわしい様子はわからないのだが、江戸時代にも同様なことがあったのを天野信景《あまのさだかげ》が『塩尻《しおじり》』に記録している。

訴えたのは内宮である。

「外宮はもともと内宮の神に食事を供する立場であったのに、いつのまにか『国常立尊』と称して、まるで内宮より上位の神であるかのように振る舞っている。ケシカラン！」

これが内宮の訴えの内容であった。本来は外宮より上位であるはずと信じる内宮だが、じっさいにはことごとに外宮に圧迫されている実情が推察される訴訟内容だ。

幕府は訴訟を却下したらしい。古くから伊勢神宮として内外ともに同様の尊敬をあつめている事実に変わりはない、いまさら幕府の裁決を必要とする状況ではないではないかというのが却下の理由だった。

片削《そ》ぎの千木《ちぎ》は内外《ないげ》に変われども
誓いはおなじ伊勢の神垣

こういう古歌もあることではないかと念を押された内宮は、反論した。

「それは外宮側の者の歌です、基準にするわけにはいきません！」

「作者は誰でもよろしい。勅撰《ちょくせん》和歌集に採用されたからには、天子さまのお好みにかなった歌なのじゃ。それを承知できないというなら違勅の罪にもなりかねんが、覚悟のうえであるのかな！」

違勅の罪にされたのではたまったものではない、内宮側はすごすごと訴訟をとりさげたようだ。

鎌倉時代といい江戸時代といい、ぜんたいの雰囲気としては外宮に有利に展開している印象が強い。外宮がことごとに優勢にたっていて、それを内宮が怨み妬《ねた》んで訴訟にもちこむが、たいていは内宮が不利になって訴訟はうやむやに終わるというかたちである。

そこで、なぜ外宮が優勢になったんだろうかという謎が生まれてくる。

外宮の地理上の優位と「収入」の関係

伊勢の地図を見ていただきたい。

おおざっぱに言うと、外宮のほうが京都・大阪・奈良といった近畿の中心に近い。海から参詣《さんけい》するならともかく、陸路で神宮に参詣するなら、外宮のある山田を通らないわけにはいかない。

「おれはなにがなんでも内宮を先に参詣しなければならないんだ！」

こういう人なら外宮を通り越して内宮を先にするだろうが、そんな特殊事情をかかえる人は少数だから、どうしても外宮が先になる。

歴史の相違とか神さまの性格の問題とは関係はなく、交通の便利の問題にすぎない。

外宮参拝をすませてから内宮に向かうことになるが、途中には古市《ふるいち》という伊勢きっての繁華街が待ちかまえていて、これが内宮にとってはじつに頭の痛いことだった。

なぜか——古市には遊廓《ゆうかく》があり、着飾った遊女が「寄ッテラッシャーイ」と声をかけ、袂《たもと》を引っぱるのである。

伊勢参拝の大半は男である、なんにもしないで古市を通過するつもりがぜんぜんない男である。

そこでどうなるかというと、古市で遊んでいよいよ内宮に向かうときには懐《ふところ》がさびしくなっている。

遊女と遊び、酒をたらふく呑んで気がついたら帰りの旅費しか残っていない、仕方がないから内宮には行かずに帰ってしまう不心得の男も少なくなかったろう。

帰りの旅費の問題があるし、帰りにもう一度古市に立ち寄ろうなんて考えている遊び熱心の男が少なくないから、いざ内宮に着いたときには、もともとさびしい財布の紐《ひも》をがっちりと締めざるをえない。

内宮におさめる幣《ぬさ》（神に祈るときに使う、紙・麻などを切って垂らしたもの）の金額を減らし、旅館のランクを落とし、外宮ではひとりあたり五本だった酒も三本にする、という具合になってしまう。

一般参詣者のおさめるカネをあてにするからこそ、外宮と内宮のトラブルが絶えない。

本来は、内宮も外宮も一般参詣者のカネなんかあてにしないでやっていけるシステムに

かつて日本三大遊廓に数えられた“古市《ふるいち》”のたたずまい

なっていた。

律令制によると、神宮の経営は神田《かんだ》と神戸《かんべ》からの収入でまかなえるはずだった。度会《わたらい》・多気《たけ》・飯野《いいの》の三郡はすべて神宮領とされ、三郡の住民は神戸として労役による奉仕を義務づけられていた。

三郡のほかにも神戸に指定されている家があり、その数は三百五十三戸であった。だが、律令の規定がくずれてくる。武士が勢力を伸ばして神領からの年貢を横領するようになったのだ。神戸の労役も、神宮のためではなく、武士のために消費されるようになった。

源　頼朝《みなもとのよりとも》は神宮を尊敬し、少なくない神領を寄進したのだが、それくらいでは間に合わなくなっていた。

神田からの年貢や神戸の労役を期待できなくなった神宮は、一般参詣者を歓迎し、幣を頒布《はんぷ》するカネで財政をまかなうほかに手がなくなってきた。

ここで外宮と内宮の地理上の位置が問題になってきたのである。

一般参詣者の受け入れについては外宮のほうが内宮より積極的であった。

文保《ぶんぽう》二年（一三一八）に「太神宮参詣精進法」というパンフレットが伊勢や尾張《おわり》に配付

された。

このパンフレットには、参詣者が守らなければならぬことが四十項目にわたって書かれていた。ということは、参詣者の数がふえるにつれて神宮の神聖を冒《おか》す乱暴な行為がひどくなり、「これこれのことをしてはなりません」と、子供を叱るみたいな調子で教えなければならなくなったわけだ。

このパンフレットを発行したのは外宮だった。参詣者増加のあまり、神聖な雰囲気が乱れるのに嬉しい悲鳴をあげたのは内宮ではなくて外宮だったのである。

内宮としても、外宮の盛況を指をくわえて羨《うらや》ましがっているわけにもいかない。「外宮が参詣者から受け取る幣物の一部はわが内宮へ奉納されるはずのものだ。それを渡さないのは横領である、ケシカラン！」

こういう理由で外宮を訴えたのは元弘《げんこう》二年（一三三二）のことだ。鎌倉幕府が後醍醐《ごだいご》天皇を隠岐《おき》に流し、楠木正成《くすのきまさしげ》が千早《ちはや》城に挙兵した年で中央政界も混乱をきわめていたが、伊勢では例によって例のごとき内外の争いが起こっていたのである。

内宮の訴訟文書には、「外宮の蔵には銭と帛《きぬ》（絹）が充満、酒も菓子もたっぷりと貯めこんでいる」という文句があったそうだ。

外宮側の盛況を誇大に指摘するのは訴訟というものの常套《じょうとう》手段だから、この文句に誇張があるのは当然だ。

しかし、話八分としたところで、これでは、内宮がいかに情けない状態にあるかを告白したことにほかならない。背に腹はかえられないから、恥をしのんで訴えたというところなのだろう。

内宮、外宮のそれぞれの神とは

一般参詣への対応において、外宮は内宮よりはるかに積極的であった。

それは外宮が伊勢参詣ルートの上手《かみて》に位置していたことによるのだけれども、それならば、なぜ外宮が上手に、内宮が下手《しもて》に位置していたのかということが新しい謎になってくる。

答えを先に言ってしまう——外宮が度会《わたらい》郡の山田に鎮座したときには、すでに内宮は宇治の五十鈴《いすず》川のほとりに鎮座していた。

それより奥では参詣が不便だ。手軽なところがいいというわけで——わたくしの想像なのだが——手前の山田に外宮が鎮座することになった。

内宮の鳥居に飾られた榊《さかき》と和紙の垂《しで》

もうひとつは——こっちのほうが決定的だったはずだ——度会郡を支配していた度会氏が、「ぜひともここに……」と外宮の鎮座を強く要請したにちがいない。

させていよいよ、外宮の神が度会郡の山田に鎮座してくる経過について書かねばならないことになった。

——アレエ、あなた、どうしたんですか、さっきからモジモジして？

——あのねエ、あたし、ソノ、なんて言えばいいのか？

——自分のおっしゃりたいことがわからない、そりゃ大変だ。

——わからないっていうのか、ソノ、つまり、伊勢にはカミサマがふたりいらっしゃるということになるんですか？

——そうですよ。内宮のカミサマはアマテラスオオミカミ（天照大御神）、外宮のカミサマはトヨウケノオオカミ（豊受大神）です。ほかのカミサマも祀られていますが、アマテラスとトヨウケがそれぞれの主神です。アマテラスとトヨウケは別々の神、人間でいうと他人同士ですね。

——そうするとやはり、伊勢神宮という神社はない……そういうことになってしまうんですが、あたしの理解が間違っているのかしら？

——単一の建物としての伊勢神宮というのはないんですよ、それでよろしいのです。もっとも、伊勢神宮のカミサマはアマテラスオオミカミとトヨウケノオオカミである、そういう言い方はありえます。

あとから来た神、豊受大神《とようけのおおかみ》の出自

話をすすめよう。

雄略《ゆうりやく》天皇の夢にアマテラスが現われ、こう告げた。

「自分ひとりでいるのは苦しいし、食事も思いのままにならない。丹波《たんば》の比治の真奈井《まない》にいるトユケノオオカミは我が食事の神であるから、それをここに迎えたいと思う」

平安時代のはじめに書かれたといわれる『止由気宮儀式帳《とゆけぐうぎしきちょう》』という書物の記事を意訳してみた。トユケノオオカミは「等由気大神」の字になっているが、これはもちろんトヨウケとおなじことだから、以下はトヨウケに統一して書きます。

京都府加佐《かさ》郡大江《おおえ》町（現・福知山市）、ここは「酒呑童子《しゅてんどうじ》」の伝説のあるところで、全国各地の鬼にゆかりのある土地との交流を広げて町起こしをはかっているところだ。

伊勢とおなじように五十鈴川（または宮川）が流れていて、東岸に「豊受大神社」があり、土地の人は「外宮」とか「元伊勢」とか呼んでいる。雄略天皇の夢枕に立ったアマテラスが「トヨウケに来てほしい」と告げたとき、そのトヨウケはここに鎮座していたわけだ。

外宮があるからには近くに内宮もあるんじゃないのか——ちゃーんとあるのです、外宮より少し南、京都市寄りということだが、そこに「皇大神社」があって地元では「内宮——ナイク」と呼ばれている。

トヨウケはアマテラスに食事をサービスする神だった。神や天皇の食事、または食事を供することを「御饌」と書いて、ミケと読む。トヨウケはアマテラスの御饌の神だった。トヨウケはアマテラス専属の御饌神であったはずだ。それを別々のところに鎮座させるとは、なんとも残酷な話である。「ひとりでいるのは苦しいし、食事も思いのままにならない」とアマテラスが嘆いたのは無理もない。

アマテラスは大和朝廷の祖神である。つまり朝廷はアマテラスを尊敬して、下にもおかぬ手厚い応対をしなければならないはずなのに、あろうことか、大切な御饌をつかさどるトヨウケと別れさせるなんていうひどい扱いをしたのである。

どうしてこんなことをしたのか、訳がわからない。

神宮の神田《かんだ》で穫《と》れた稲を納める御稲御倉《みしねのみくら》（内宮）

朝廷が別れさせたのではない、アマテラスとトヨウケが喧嘩別れしたのではないか、などと推察できないこともないが、別れていたのをいっしょにしたのが雄略天皇なのははっきりしているのだから、別れさせたのも朝廷だとみるほうが筋は通る。

ともかく、こういうわけでトヨウケは丹波から伊勢の度会郡、宮川の南岸の山田にうつってきた。アマテラスは好みの食事ができるようになったわけだから、それはそれでめでたい話なのである。

本来、独立した神社だった「外宮」

伊勢の山田にうつってきたトヨウケはヒマだったにちがいない。アマテラスに御饌を供するだけが仕事で、そのほかに義務はなかったらしいのだ。

神さまの御饌だからやかましいしきたりはあり、一日じゅうぶらぶらしてもいられなかったろうが、あくせくもしていない。

食事をつかさどるぐらいだから世間のことに、言い換えれば人間世界のことに通じている。

トヨウケは生活力に満ちた神さまであったとみていい。そしてそれは、トヨウケを山田の地に誘致した度会氏のたくましい生活力の反映であったと考えられる。

　これについては別の説もあることを述べておかなければならない。それによると、いまは外宮と書いて「ゲクウ」と読むが、古くは「トツミヤ」と呼んでいたという。つまり内宮に対する外宮ではなくて、別の独自の神社であったという説だ。

「早くからこの度会の地域にトツミヤと呼ばれるお宮があったと考えてよいであろう」（櫻井《さくらい》勝之進《かつのしん》『伊勢神宮』学生社刊）

　トヨウケが鎮座した神社は「外の宮」と呼ばれることになった。大和からみると、アマテラスの神社が奥にあるから「内宮」、トヨウケの神社はその手前にあるから「外宮」になった。

　内と外では内のほうが上位の印象が強いのだが、そんなことにこだわらないのもトヨウケと度会氏の現実的な性格が反映されているように思われる。

「ヒトでもモノでも、トヨウケは大歓迎いたしますぞ！」

　トヨウケは宣伝をはじめる。

　アマテラスとしては腹立たしくなるときもあったろうが、「やめろ」とは言えない。トヨウケのところへ物資が輸入されなければ飢えてしまうのだ。

高級なレストランで実権をにぎるのは社長ではなくてコック長だ。材料の選定から仕入れ、メニューの決定まですべてはコック長がにぎる。物資をにぎるものは、いつの時代にも強いのである。

アマテラスの仕事は政治である。こんな厄介《やっかい》なものはないから、前後左右を考慮して身動きのとれないことがしばしば起こる。新しいことに手を出すチャンスもない。トヨウケは政治なんていうややっこしいものとは縁がなく、物資をにぎり、動かす。新しいことを、好きなようにやれた。

外宮が内宮を、つまりトヨウケがアマテラスを圧倒するのに時間はかからなかった。

2 なぜ、二十年ごとに再建されるのか

――莫大な遷宮費はいかにして集められたか

神々の「再生」を願う式年遷宮

内宮も外宮も、二十年に一度、おなじ建物を隣りにつくって、カミに移っていただく。これを式年遷宮という。つまり伊勢神宮は、二十年に一度の割合で新築されつづけてきたのである。

持統《じとう》天皇の四年（六九〇）に最初の式年遷宮がおこなわれたとされている。一年二年の遅れがあったり、百年以上もの長い中断もあったが、式年遷宮は綿々とつづき、平成五年（一九九三）に第六十一回の遷宮がおこなわれた。六十二回目は平成二十五年（二〇一三）、つまり今年である。

伊勢神宮の遷宮の式年は二十年と決められている。

現代に生きるわたくしたちは、カミを実体として意識するのが困難になっているけれども、古代の人にとって、カミはまさに実体そのものだった。

何もしなければ、カミは怒り、疲れ、腐敗する。

カミとともに、カミの保護によってしか生きられないと思いこんでいる人たちにとって、カミの疲労は重大である。

そこで、カミの疲労が限界に近づくのを二十年とみて、二十年に一度の遷宮をしてカミ

古殿地《こでんち》（新しい宮が建てられる所）から内宮正殿を望む
（神宮司庁提供）

の戦いであることが感じられる。

伊勢神宮の式年遷宮に関する学術研究や啓蒙《けいもう》的な著作を読んでいると、ひとつの迷信とりなおすのだ」といったものである。

その迷信とは、「二十年もすると木造建築の神宮の社殿は腐ってしまうから、新しく作りなおすのだ」といったものである。

これはまさに迷信だ。

建築が朽《く》ちるから新しくつくるのではない。

「神宮の場合には、建築物の朽損が造替の理由ではないのである。なるほど十年も経過すると部分的には小修理を要する箇所も出ないではないが、総体としては堅固そのもので、お屋根の萱《かや》さえ取りかえてゆけば、あえて建材や構造を変更しなくても二十年くらいで造替の要は断じて生じないのである」（櫻井勝之進『伊勢神宮』）

この考えでいけば、二十年という式年も長すぎるのである。

ものごとはすべて、一年ごとに生まれ変わる。

一年ごとの生命の再生は新しく収穫された穀物に代表されているとみて、新穀をカミとヒトが共食して祝い、かつ祈るのが神嘗祭で、神嘗祭は伊勢神宮のもっとも重要《かんなめ》な儀式とされている。

遷宮も毎年やるのが本来だが、規模が大きいので毎年実行することもできず、仕方なく二十年に一度の式年遷宮ということに落ち着いたのだろうと思われる。

これは、わたくしのまったくの想像なのだが、「式年遷宮」という言葉のなかには、「本来ではないが、現実を考えれば仕方がない」という無念の思いがこめられているように聞こえる。「遷宮は毎年の行事に決まっているではないか、なにをグズグズしているんだ！」という叱責の声を予想し、それに対して弁明している姿勢さえ感じるのである。

繰り返す――伊勢神宮の式年遷宮はカミの再生を願う儀式である。社殿が朽ちるから建てかえるという、建築の問題ではない。

三百五十億円を要する現代の「遷宮」

伊勢神宮は皇室のカミを祀《まつ》る神社だから、式年遷宮は国家の行事としておこなわれてきた。

しかし、新しい憲法は政教分離を基本理念としているので、遷宮に要する巨額の費用を国家の予算から支出するのは許されなくなった。

第五十九回の式年遷宮は昭和二十四年におこなわれるはずだったが、国家予算から費用が支出されないとあって国民奉賀という名の募金運動がおこなわれ、四年遅れの昭和二十八年に遷宮がおこなわれた。

平成五年の遷宮もおなじ形式でおこなわれたが、予算としては三百五十億円という大きな数字が目標になっていたといわれる（小島鉦作《こじましょうさく》『伊勢神宮と式年遷宮』）。

神宮の社殿が檜《ひのき》づくりであるのはたいていの人が知っているだろうし、檜の材木がいかに高価なものかという知識もひろまっているはずだ。

それにしても——と思う人も少なくなかろう——三百五十億円はあまりにも高額すぎるではないか、と。

この疑問は、式年遷宮は建築の問題だという迷信が頭から離れないことから起こってくるものだ。

遷宮は建築の問題ではなくて、皇室のカミの再生を願うという、長期にわたる、じつに大がかりの儀式なのである。社殿のつくりかえは重要にはちがいないが、あくまでも儀式の一環にすぎないのである。

遷宮は、どれほど大がかりの儀式であるのか。

平安時代の例によると、十七年目の十月から事業が開始されたというから、足かけ四年をついやしたことがわかる。

まず、造宮使の任命があり、造営の材木を採取する山のカミを祀る「山口祭《やまぐちさい》」が最初の儀式となる。最近の遷宮では「山口祭」は八年前におこなわれたというから、儀式の年月はむしろ長くなる傾向にあるといっていいだろう。

遷宮費に悩まされた朝廷最大のプロジェクト

式年遷宮の長い歴史のなかでは、一年二年の遅れや百年以上もの中断があった、と先に書いた。

原因はなんであったか——おおかたの予想どおり、戦乱と費用不足である。

遷宮の費用と労力をまかなう原則はつぎのようになっていた。

まず費用はすべて神税（神宮領の税金）でまかない、不足のときは正税（朝廷予算）からおぎなう。役夫《えきふ》の食料費もここから支出される。

つぎに労力だが、伊勢・美濃《みの》・尾張《おわり》・三河《みかわ》・遠江《とおとうみ》には神宮領があるので、この五カ国の国司《こくし》が役夫をひきいて出張してくる。

第六十二回式年遷宮の主要な諸祭と行事

○印は日時を天皇の御治定を仰ぐ

山口祭　○平成17年5月2日
遷宮の御用材を伐る御杣山の山口に坐す神を祭り、伐採と搬出の安全を祈る。

木本祭《このもとさい》　○平成17年5月2日
山口祭の夜におこなう。御正殿の床下に奉建する心御柱の御用材を伐採するにあたり、その木の本に坐す神を祭る。

御杣始祭《みそまはじめさい》　平成17年6月3日
木曽の御杣山で正式に御用材を伐りはじめる祭。

御樋代木《みひしろぎ》**奉曳式**《ほうえいしき》　平成17年6月9・10日
御神体をお納めする「御樋代」の御用材を伊勢へ運ぶ儀式。

御船代祭《みふなしろさい》　○平成17年9月17・19日
御樋代をお納めする「御船代」の御用材を伐採する祭。宮域内でおこなう。

御木《おき》**曳始式**《ひきはじめしき》　平成18年4月12・13日
造営の御用材の搬入はじめ。旧神領民が宮域内に運び入れる。

木造始祭《こづくりはじめさい》　○平成18年4月21日
作業の安全を祈り御木に忌斧を打ち入れる祭。

御木曳《おきひき》**行事（第1次）**　平成18年5～6月
旧神領民と全国の崇敬者17万3千人により、御用材を古式

明治2年「両宮遷御《せんぎょ》之図」から（神宮文庫蔵　69、70、71頁の絵も）

のままに両宮宮域内に奉曳する。

仮《かり》御《み》樋代《ひしろ》木《ぎ》伐採式《ばつさいしき》 平成18年5月17日

遷御のとき、御神体をお納めする仮御樋代と仮御船代の御用材を伐採するに当たり、木の本に坐す神をおまつりし、忌斧を入れる式。

御木《おき》曳《ひき》行事（第2次） 平成19年5〜6月

第1次同様、全国のひとびとによって御用材が運ばれる。

鎮《ちん》地《ち》祭《さい》 ○平成20年4月25日

新宮の大宮地に坐す神を鎮めまつる祭。

宇治橋渡始式《うじばしわたりはじめしき》 平成21年11月3日（内宮のみ）

宇治橋も20年ごとに新しく架け替えられ、古式により渡り始めがなされる。

立柱祭《りっちゅうさい》 ○平成24年3月

御正殿の御柱を立てる祭。

御形祭《ごぎょうさい》 平成24年3月

立柱祭の日におこなわれる。御正殿の東西の妻の束柱に御形（御鏡形）をうがつ祭。

上棟祭《じょうとうさい》 ○平成24年3月

御正殿の棟木を揚げる祭。

檐付祭《のきつけさい》 平成24年5月

御正殿の御屋根をふき始める祭。

甍祭《いらかさい》　平成24年7月
御正殿の御屋根をふき終わり、金物を打つ祭。

お白石持行事　平成25年8月
新社殿ができると、御正殿の周辺に白石を敷きつめる。一般の人々が参加し、白石を奉献する。

御戸祭《みとさい》　平成25年9月
御正殿の御扉を造りまつる祭。

御船代奉納式　平成25年9月
御神体をお納めする御船代を刻みまつり御正殿に奉納する式。

洗清《あらいきよめ》　平成25年9月
竣工した新宮のすべてを洗い清める式。

心御柱《しんのみはしら》**奉建**　平成25年9月
御正殿中央の床下に心御柱を奉建する行事。

杵築祭《こつきさい》　○平成25年9月
新宮の御柱の根元を固める祭。

後鎮祭《ごちんさい》　○平成25年10月
新宮の竣工を喜び、心御柱の本に坐す神に平安の守護を祈る祭。

御装束神宝読合《とくごう》　平成25年10月
新調された御装束神宝を新宮におさめる際に照合する式。

川原大祓《かわらおおはらい》　平成25年10月
御装束神宝をはじめ、遷御に奉仕する祭主以下を川原の祓所で祓い清める式。

御飾《おかざり》　平成25年10月
新しい御装束で神殿を装飾し、遷御の準備をする式。

遷御《せんぎょ》　○平成25年10月
御神体を新宮に遷しまつる祭。

大御饌《おおみけ》　平成25年10月
遷御の翌日、新宮で初めての大御饌を奉る祭。

奉幣《ほうへい》　○平成25年10月
遷御の翌日、新宮の大御前に勅使が幣帛を奉奠する。

古物渡《こもつわたし》　平成25年10月
遷御の翌日、古殿の神宝類を新宮に移しまつる式。

御神楽御饌《みかぐらみけ》　平成25年10月
遷御の翌日の夕方、御神楽にさきだち、大御饌を奉る祭。

御神楽《みかぐら》　○平成25年10月
宮内庁の楽士が新社殿の前で御神楽と秘曲を奉奏する。

なお、両正宮に引き続き、平成25年10月には荒祭宮・多賀宮の御遷宮が斎行され、月読宮以下の十二別宮は、平成26年にそれぞれ斎行される予定である。

これで、滞《とどこお》りなく遷宮がおこなわれるはずになっていた。

天喜《てんぎ》五年（一〇五七）の第二十回のころまでは、まがりなりにもこの原則にもとづいて遷宮がおこなわれたとみられている。

律令の公地公民制度が荘園によって食い荒らされると、この原則は次第にくずれ、かわって「役夫工米《やくぶくまい》」という制度ができた。

役夫工米とは、もともと役夫の食料をさす言葉であったが、制度としての役夫工米とは全国の公地と荘園に遷宮費用と役夫の供出を臨時に命じるものである。

じっさいには、どのように徴収したのかというと、まず全国の国司に、その国の割り当て額が通告される。国司は国内の公地と荘園との別なく、細分額を通告して徴収する。徴収責任者は国司だが、じっさいには国司の使者と造宮所からの督促使が土地土地をまわって徴収したようである。

この制度は、なかなか考えたものであったといえる。

というのは、荘園からも役夫工米を徴収することができたからだ。

そもそも、朝廷に税を払うのを避ける目的で生まれてきたのが荘園であり、そのために朝廷の財政は窮地におちいったわけである。

その荘園からも、公地と同様に遷宮役夫工米を徴収するのだから、朝廷としては、まさに「してやったり！」といった気分になったろう。

もちろん荘園領主は、あれこれと口実をつくって役夫工米の義務からのがれようとしたのである。

役夫工米を払わせられた荘園、ついに免除の特権を獲得した荘園――その相違は、結局は政治力の差で決まった。東大寺《とうだいじ》、石清水八幡宮《いわしみずはちまんぐう》、新熊野《いまくまの》神社といった権威の高い荘園領主が、つぎつぎと遷宮役夫工米の免除の特権を獲得していった。

しかし、数多くの免除特権にもかかわらず、役夫工米の制度は約四百年にわたって実施され、二十回近い遷宮を成功させたのである。

伊勢神宮の中、下級神官が全国各地をまわって役夫工米の徴収につとめたといわれている。

「役夫工米は全国隈無《くまな》く徴収せよ」というのが原則になっていたから、それまで伊勢神宮とは縁のなかった地方にも伊勢信仰の根がひろがっていった。

伊勢神宮への信仰を全国にひろめた第一の功績は「御師《おし》」のものだが、御師が活躍するよりも少し前の時代に、全国隈無くまわって役夫工米の徴収につとめた中、下級神官の功績も忘れられないのである（御師については6章を参照してください）。

明《みん》貿易にも投資した伊勢神宮

役夫工米の徴収権は朝廷から鎌倉幕府へ、さらに足利《あしかが》幕府へと引き継がれた。ということは、免除権もまたつぎつぎと引き継がれたことを意味する。そのとき最強の権力が徴収権と免除権とをにぎるわけだ。

――強い権力なら、徴収権だけにぎっていればすむはずだろう。免除権なんか、要《い》らないはずだと思うけど？

それが、ちがう。

徴収権と免除権とは車の両輪である。免除権があるからこそ徴収権が強くなるのだ。

さて、その足利幕府の権力も次第に痩《や》せ細ってくると、神宮としては自力で遷宮費用を調達しなければならない羽目に追いこまれた。神宮領はほとんど武士に奪われているから、自力であつめるよりほかに仕方がないのである。

そこで、どうしたか？

貿易に投資したのである。

モンゴル軍撃退の祈願をおこなった「法楽舎《ほうらくしや》」跡

伊勢市のほぼ南西に度会《わたらい》町の棚橋というところがある。内宮と外宮を底辺とする二等辺三角形の頂点にあたる位置だ。

暇をみつけて、棚橋の蓮華《れんげ》寺にお参りしていただきたいものである。

この蓮華寺は山号を「神宮山」という浄土《じようど》宗の寺院だが、むかしは「大神宮法楽《ほうらく》寺」といい、京都の醍醐《だいご》寺と縁の深い真言《しんごん》宗の寺だった。

鎌倉時代の末期に住職になった通海《つうかい》の奔走によって法楽寺は亀山《かめやま》天皇の祈禱《きとう》寺に指定されて、大いに権威を高めた。

その通海は、モンゴル軍の退散を祈る場として内宮と外宮それぞれの近くに「法楽舎《ほうらくしや》」をつくった。

法楽舎はいわば法楽寺の出先機関だから、それが神宮の社殿の近くにつくられたのはおかしいことに思われるが、通海が神宮祭主の大中臣隆通の子だったこともあって、彼の権威はそういう不審をいだかせないほど強烈だったのである。

伊勢神宮は、この法楽舎の名義で勘合《かんごう》貿易に投資したのだ。勘合貿易とは、足利幕府が先頭にたっておこなった明《みん》国との政府間貿易である。

小島鉦作氏の研究によると、宝徳《ほうとく》三年（一四五一）に明国に向かった貿易船は十艘《そう》で、そのうちの二号船と八号船が「伊勢法楽舎」名義の船であった。

二艘あわせて十一万四千斤《きん》の硫黄《いおう》と三万六千斤の銅を積んでいったのだが、明国の経済が混乱していたこともあって、ほとんど売れずに持ち帰ってしまったという（「遣明勘合貿易船伊勢法楽舎船の考察」）。

法楽舎船が帰国して八年後の寛正《かんしょう》三年（一四六二）には遷宮が断行されたのだが、この費用を調達するために手をつけた貿易が惨憺《さんたん》たる失敗に終わったあとだから、神宮に資力はない。遷宮費用は幕府が支出した。

しかし、幕府の遷宮費用支出もこれが限界であった。これから五年後の応仁《おうにん》元年（一四六七）には応仁の乱がはじまるのだ。

寛正三年の遷宮を最後にして、内宮は百二十三年、外宮は百二十九年の長期にわたって遷宮は中断してしまうのである。

奇妙な尼寺・慶光院《けいこういん》とは

百二十九年にもおよぶ遷宮の中断、それに終止符を打ったのが慶光院《けいこういん》の清順《せいじゅん》という尼僧であった。

慶光院は伊勢市の宇治浦田町、つまり内宮の北、伊勢志摩スカイラインと国道23号線が交わるあたりにあった。

ここで慶光院という尼寺の跡をしのんでいただくわけだが、慶光院はいまは神宮の祭主職の宿舎になっている。観光案内図には出ていないようだから、土地の人にたずねるのが早道だろう。

はなやかな印象はないが、昨日や今日できたものではない、どっしりとした由緒は感じられる。

豊臣秀吉が建てさせた桃山様式の建築で、内部には優雅華麗な桃山の美が残されている。狩野永徳《かのうえいとく》が描いた極彩色《ごくさいしき》の「二十四孝図」もあったそうだ。

慶光院は、なんとも奇妙な尼寺だった。

本尊の仏像はない、お経もない法具もない。院主はお経を読まない。臨済《りんざい》宗の寺だということになっていたが、本山はどこかとたずねても、本山はないという答えが返ってきたはずだ。もちろん慶光院が本山であったわけではない。

ないないづくし、なのである。

にもかかわらず、院主は朝廷から「上人《しょうにん》」の号をゆるされ、僧侶としての最高位のし

伊勢神宮の命の恩人ともいえる旧慶光院《けいこういん》

るしの紫の衣《ころも》を着ることになっていた。

僧侶の紫衣《しえ》については徳川幕府がきびしい掟《おきて》をさだめていたもので、江戸時代のはじめには、紫衣の許可をめぐって朝廷と幕府がきびしく対立し、とうとう後水尾《ごみずのお》天皇が譲位してしまうというトラブルも起こった。

それくらい重要な紫衣が、本尊の仏像もない慶光院にゆるされていた。

奇妙といえば、これくらい奇妙なこともないわけだが、それにはそれなりの理由があったのだ。

奇妙な寺なのに権威の高さは抜群、それは伊勢神宮の「式年遷宮」という制度に関係があった。

つまり、以下のような経緯《いきさつ》があったのである。

「朝廷が信頼する尼僧」清順《せいじゅん》の役割

百二十九年もの長い中断のあいだにも、部分的な改修事業はおこなわれていた。はじめのうちは有力大名の寄進によるものであり、そのあとに奇特者の勧進《かんじん》による改修がつづいた。

五十鈴《いすず》川の宇治大橋がながらく流失したままだったので、内宮を参拝する者はこまっていた。これは座視できないと決意した慶光院の守悦《しゅえつ》という院主が諸国を勧進してまわって浄財を集め、宇治大橋をかけたのが永正《えいしょう》二年（一五〇五）だったという。

永正二年といえば戦国のまっただなかである。にもかかわらず神宮には参拝者がつめかけ、橋のない五十鈴川を苦労して渡っていたという話は重要だ。

戦乱のさなかであればなおさらに、民衆は皇室のカミに平和を祈ることに熱心になったのである。

守悦から二代目の院主が清順であった。近江の山本義里の娘であったとも、紀州熊野の出身であったともいわれ、はっきりしたことはわからない。

天文《てんぶん》十六年（一五四七）、彼女は朝廷から「国家安全のために祈禱せよ」という命令を受けた。

彼女のほうから朝廷に申請したのがゆるされたというものであったろうが、これによって彼女は、「朝廷が信頼する尼僧」の肩書を手にしたわけだ。遷宮費用の勧進で諸国を歩くとき、この肩書の効果が絶大であるのはいうまでもない。

天文十八年には宇治大橋の供養をおこなったが、これは先々代の守悦の事業を受け継ぐこと、および守悦の事業の規模を超えて、神宮の式年遷宮の大事業にとりかかることの宣言であったろう。

信長、秀吉も協力した内宮・外宮〝同時遷宮〟

本来ならば、遷宮費用は役夫工米の徴収によって調達されるべきことになっている。だが清順は、役夫工米では費用の調達はおぼつかないと考えていた。そこで、諸国を勧進して費用を集める方式を提案し、朝廷の承認をもとめたのである。

律令時代の原則にしても役夫工米の徴収にしても、ともかくもそれまでは朝廷の権威と行政機関によって遷宮費用を集めていた。伊勢神宮が皇室のカミを祀る社《やしろ》であるかぎりは、当然のことだ。

現実はそれをゆるさないとはわかっていても、朝廷の面子《めんつ》というものを考えれば、いわば民間に一任するかたちの諸国勧進方式を認めるには相当の心理的抵抗があったにちがいない。

朝廷は、清順の提案を「許可する」と表明した。そしてまた、伊勢の国司の北畠具教《きたばたけとものり》に「清順に協力せよ」と指令を発して、かろうじて朝廷の権威による遷宮というたてまえ

式年遷宮の立柱《りつちゆう》祭（神宮司庁提供）

を維持したのである。

勧進は順調に進んで、永禄《えいろく》六年（一五六三）に外宮の遷宮が百二十九年ぶりに挙行されたのである。三年前には幕府がイエズス会宣教師のガスパル・ビレラにキリスト教の布教をゆるし、この年には三河《みかわ》の一向一揆が松平（徳川）家康に反旗をひるがえすなど、宗教の世界でも新しい動きが起こっていた。

しかし清順は、外宮の遷宮だけでは満足しなかった。

「諸国から、たくさんの参拝者がつめかけてくるようにならなければ、遷宮は成功したとは申せませせぬ」

百二十九年は短くはない。伊勢神宮には二十年に一度の式年遷宮がある、遷宮のない伊勢神宮は本来の姿ではないのだということを、体験として知っている人間はひとりも生きていないのである。

遷宮費用調達の段階から彼女は、「資金を提供していただくのはありがたいが、遷宮が実現したなら、一族そろって参拝なさってください」ということを説いていたにちがいない。醵金《きょきん》してくれた方が参拝したときには格別丁重に接待いたします、ぐらいのことは言ったかもしれない。

さて、いよいよ遷宮が近づくと清順は国司北畠具教の許可を得て、遷宮の前後一カ月のあいだ、伊勢と近江のすべての関所をフリー・パスにした。

関所には「けいくわうゐん上人」名義の立て札が建てられた。伊勢と近江の関所がただで通れるそうだ、それならばと、はじめて耳にする式年遷宮ということへの興味をかきたてられた民衆が集まってきて、遷宮は成功した。

清順尼の、宗教家としての資質がすぐれていたのは疑いないが、プランナーとしての才能もなかなかのものであったといえるようだ。いや、「名僧」イコール「名プランナー」の図式が成立するというほうが適切かもしれない。

外宮の遷宮の三年後に清順尼は没し、あとを継いだ周養《しゆよう》が内宮遷宮費用の勧進事業を進めた。

内宮の式年遷宮がおこなわれたのは天正《てんしよう》十三年（一五八五）のことだった。この間、織田信長が三千貫文を、信長横死のあとを受けた豊臣秀吉が黄金五百枚と千石の米を寄進して遷宮事業を援助したのである。

じつは、内宮の遷宮と同時に外宮の遷宮もおこなわれたのである。これによって、それまでは（百二十九年前までは）内宮遷宮から二年目に外宮の遷宮がおこなわれていたのを、内宮外宮の同年遷宮がしきたりとして決まった。

神宮と慶光院との根本的矛盾

慶光院は権威の高い寺になった。

つぎの神宮の遷宮も慶光院によっておこなわれることが予想されていたし、周養尼は徳川幕府のなかに勢力を築いて家光《いえみつ》が三代将軍になるのに尽力した。江戸城大奥に慶光院専用の「上人部屋」さえつくられるという格別の待遇を受けた。

大坂と江戸には屋敷を与えられ、朝廷と幕府の祈禱師職に任命された。紀伊と尾張の徳川家が神宮に参拝するときにはかならず慶光院を宿舎とした。

こうなると、伊勢神宮に、慶光院に対する反発が起こるのも当然だ。

「仏教僧侶、しかも尼僧が大神宮の遷宮をとりしきるとは！」

慶光院清順の奮闘がなかったなら、いまだに遷宮が復活していなかったかもしれないわけだが、それはそれ、いつまでも仏教徒である慶光院の世話で、こともあろうに神道の最大イベントである遷宮をおこなうのは耐えられない気分ではあったろう。

寛文《かんぶん》六年（一六六六）に神宮から正式な訴えがあり、慶光院が遷宮に関係することは否

正殿《しょうでん》の棟木《むなき》を上げる上棟《じょうとう》祭(神宮司庁提供)

定された。

その後は、徳川幕府が直接に費用を支出して遷宮がおこなわれてきた。伊勢神宮の遷宮の費用を支出する——それは幕府が日本の政治の全権をにぎっていることの、まぎれもない証《あかし》となった。

3 なぜ「ふたつの正殿」は〝同じ造り〟ではないのか

——天に向かう「千木《ちぎ》」そして「堅魚木《かつおぎ》」の秘密

〝唯一神明造《ゆいいつしんめいづくり》〟といわれる両宮の相違

内宮でも外宮でも、ふつうの人は正殿《しょうでん》（神殿・本殿）に近づけない。玉垣《たまがき》の門から、奥の正殿を拝することになる。

玉垣の門のところで、爪先《つまさき》立ちになって奥をのぞきこむようにしている人がある。失礼にあたるかもしれないのだが、聖なる正殿を少しでも身近に見ることで敬意を表わしたいと努力しているのだから、あながちに非難することでもないだろう。

ただし、荘厳《そうごん》ということに重点を置くならば、玉垣のところで地面にすわるのが正しい礼拝の姿勢のようだ。

日夜奉仕をしていた禰宜《ねぎ》の櫻井勝之進さんによると、地面にすわった姿勢で伏し拝んでこそ荘厳が感じられるという。そういう効果を計算して設計されているのだろう。

さて、しかし、爪先立って正殿をのぞきこむ視線には、信仰のほかの、もうひとつの期待――物見高い姿勢があるのは否定できないだろう。物見高いということを別の言葉に言い換えると「話題性」だ。

「なるほど、聞いていたとおり内宮の千木《ちぎ》の端《はし》は水平に切られている」

「内削《うちそ》ぎ、というんだそうだ。外宮の千木は垂直に切られていて、外削《そとそ》ぎという。ところ

唯一神明造《ゆいいつしんめいづくり》（内宮）

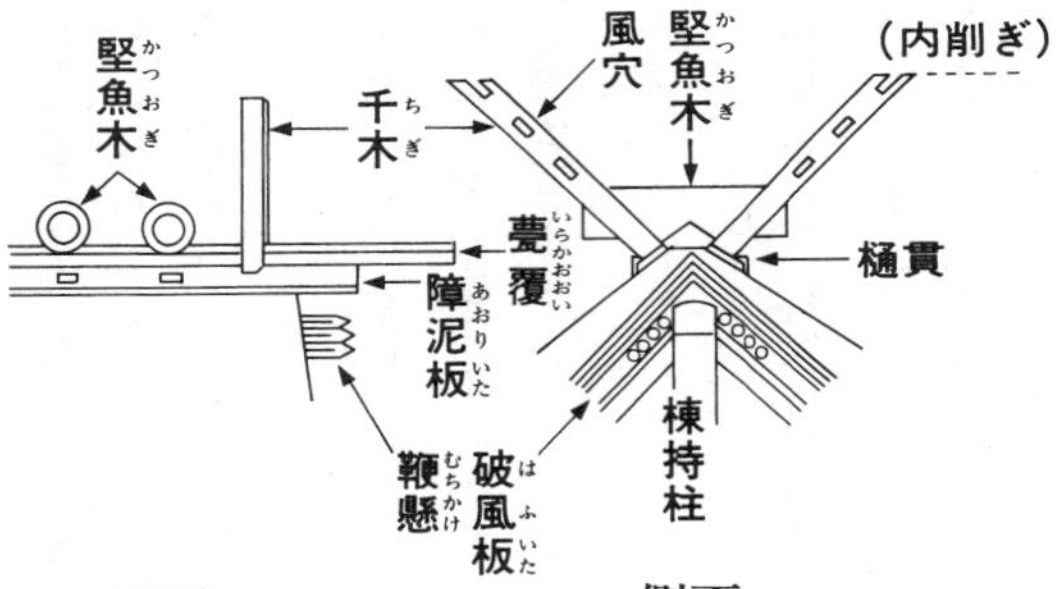

正面　　側面

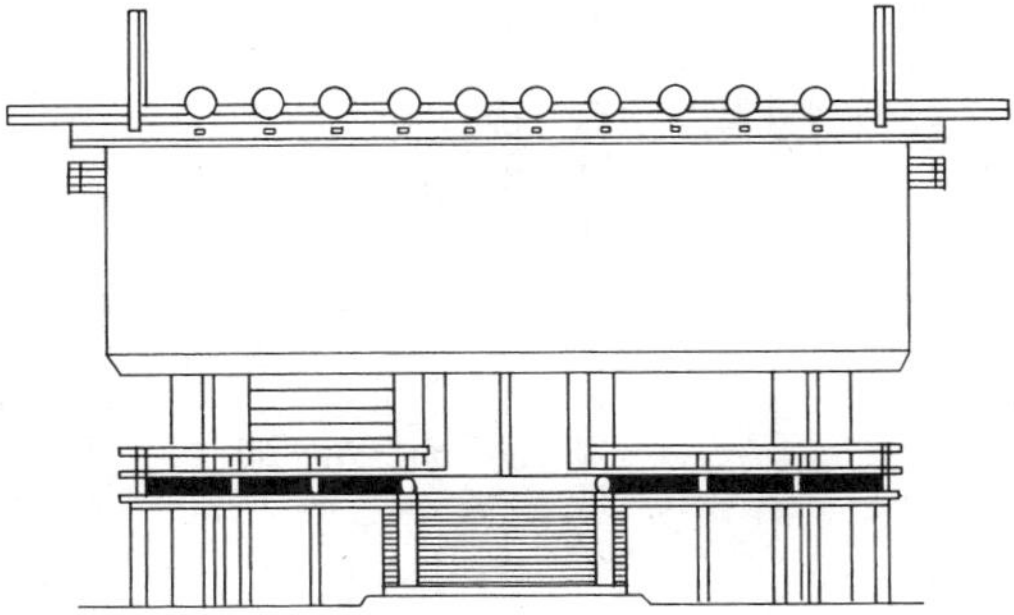

内宮正面

で堅魚木《かつおぎ》は、どうだ？　内宮は十本、外宮は九本だそうだが……」

「いや、そこまでは、見えない」

そこで、内宮と外宮との根本的な相違は千木の先の切り方と堅魚木の数に表われているのではないか、なぜか、という疑問が出てくる。

神宮の建物は素朴という字を絵に描《か》いたようだ――こういう先入観があるので、内宮も外宮も正殿はすべて檜《ひのき》の白木づくりだと思いこんでいる人が多いだろう。しかし、正殿の千木も堅魚木も部分的に金銅《こんどう》で被《おお》われているので、意外の感に打たれるはずだ。

千木の先の切り方と堅魚木の数の相違――意外な金銅の被いともあいまって、ここになにか神秘的な謎がひそんでいるにちがいないという興味が湧《わ》くのも無理からぬところではある。

千木《ちぎ》――内宮は水平に、外宮は垂直に

内宮の千木の先端はスーッと水平に、外宮のそれは垂直にスパッと切られている。

まさに対照的だから、そこには言うに言えない深い神秘が隠されているのではあるまいか？

たとえば、内宮の水平のカット・ラインはこの世があくまでたいらに治まることをシンボルしており、外宮の垂直のラインは天と地とのあいだを媒介物《ばいかいぶつ》なしにつなぐカミの威力を示す、といったような――

こういう推測に胸を躍《おど》らせるのはいまにはじまったことではないようだ。

「神明造《しんめいづくり》の神殿の千木というのは、破風《はふ》がそのまま伸びて屋根の上につき出した部分をいうが、その先端が外宮の場合には垂直に削がれている。いわゆる外削ぎである。このことは、堅魚木が九本であることとあわせて、内削ぎの千木に十本の堅魚木を備えた内宮の場合との著《いちじる》しい相違点だとされ、ことごとしい理屈をつけて両宮のご神徳を説明した時代もあった」（櫻井勝之進『伊勢神宮』）

内宮は水平、外宮は垂直、それはなぜかという疑問を内宮と外宮のカミの性格の相違に結びつけて考える――そういう傾向は昔からあった、という。

そこで、現在の神宮関係者はどう考えていらっしゃるのか、櫻井禰宜の文章は、つぎのようにつづく。

「しかし、金物がなかった時代には外削ぎの方が保建上は合理的であったろうし、建物の規模が小さければ堅魚木の数にも限度があったのかもしれない」

断定はしていないけれども、千木の先端の切り方や堅魚木の数と、両宮のカミの性格の相違とのあいだには関連はない、といった見解をとられているようだ。

敷衍《ふえん》すれば、はじめは千木の先端は水平に切っていたのだが、雨水の浸透から守るために外宮の千木を垂直に切るようになり、それがいつのまにか、内宮は水平、外宮は垂直に切るというならわしになった、ということのようだ。

千木と堅魚木《かつおぎ》に見られる「両性対称の原則」とは

伊勢神宮といえば、その対照として出雲大社《いずもたいしや》が連想される。

出雲では男神を祀《まつ》る社《やしろ》の千木《ちぎ》は〝外削《そとそ》ぎ〟、女神の社は〝内削《うちそ》ぎ〟になっており、両性対称の原則が貫徹しているといえる。

出雲に限ったことではない。京都の賀茂《かも》神社は男神と女神との対称を上賀茂《かみがも》と下鴨《しもがも》の両宮制で表わしていて、こういう両宮制はほかにもたくさんあるから、男神社の千木は外削ぎ、女神社の千木は内削ぎという対称は神社一般に通用する原則だとみていいだろう。

さて、この原則を伊勢神宮に当てはめるとき、女神の内宮《ないくう》の千木が内削ぎになっているのはいいとして、おなじく女神（トヨウケノオオカミ）であるはずの外宮の千木が外削ぎになっているのは原則からの逸脱のようにみえて、落ち着かない感じになる。

原則からの逸脱に伊勢神宮の超越性が示されているのだという解釈ができないわけでもないが、それならば、千木そのものを否定するほうが理屈には合う。

そこで松前健《まつまえけん》氏の解釈が注目される。

「外宮の祭神も、トヨウケヒメに定まる前は一種の男性神格でなかったとは言いきれない」（「皇大神宮・豊受大神宮」『日本の神々⑥』）

外宮の神は女神のトヨウケノオオカミだということになっているが、じつは、トヨウケ以前には別の神が祀《まつ》られていて、それは男神だったのではないか、というのである。

伊勢神宮が両宮制になっているのは動かせない事実だから、陰と陽、プラスとマイナス、そして男と女というふうに対称の原則が貫いているとみるほうが納得しやすい。

内宮の神のアマテラスオオミカミが女神であるのはこれまた動かしようがなく、となれば外宮の神は男性神であったほうが自然である。

外宮の本来の神が男神だったとすれば、外宮の千木は外削ぎで当然なのである。

これは、〝堅魚木《かつおぎ》〟の数の相違についても妥当な解釈を引き出すように思われる。

外宮は男神だったから堅魚木は「陽――奇数」の九本で、内宮は女神だから「陰――偶数」の十本になったというわけだ。

御柱《みはしら》にこめられた聖なる意味

内宮でも外宮でも、正殿の中央の床の下にある「心《しん》の御柱《みはしら》」が〝神器《じんぎ》〟とともにもっとも大切かつ神聖なものとされている。

心の御柱は「忌柱《いみばしら》」「天《あめ》の御柱《みはしら》」「天の御量《みはかり》の柱」などとも呼ばれる五尺（約一・五メートル）ばかりの高さの檜の柱だが、もちろんふつうのとき、ふつうの人には見ることはできない。

五尺のうち半分ほどは地中に埋められていて、上部の半分が社殿の床をささえているわけでもなく、いわば生えているような様子になっているから、社殿の構造とはまったく無関係な、独立した存在である。

これを「柱」と呼んでいいのかどうか、むしろ「杭《くい》」というほうがふさわしいという人もあるだろう。

しかし、これはどうしても「柱」でなくてはならないのである。

なぜかというと、まずこれは天と地とをつなぐ宇宙という構造の柱だからだ。神霊はこ

外宮・四丈《よじよう》殿の千木《ちぎ》と堅魚木《かつおぎ》。千木は〝外削《そとそ》ぎ〟である

の柱をつたって天地の間を昇降するのだから、杭であってはならないわけである。

地面にグサリと突き立てられた心の御柱——地面の水平の線は女性を、柱の垂直線は男性を表わしていて、つまり正殿の中央における横と縦の線の交わりは万物の生成と豊穣《ほうじょう》をシンボルしているにちがいない。

神話の主人公のイザナギとイザナミとが天の御柱の周囲をまわりながら交わって人間を産みだしていったというのも、御柱の聖なる機能の擬人化にほかならない。

こういうふうに考えてくると、内宮の千木が水平に、外宮のそれが垂直に削がれている対比の意味は一目瞭然だ。内宮の千木の水平線は地の水平、横たわる女性の水平であり、外宮の千木の垂直線は、横たわる女性に対して縦位置に交わる男根の垂直を表わしている。

混沌《こんとん》のなかで生きる「直線」美

神宮の荘厳は自然そのもののたたずまいにある——こういった説明をしているものがあったなら、わたくしは信用しない。

神宮の神殿をとりまく環境はたしかに自然をたっぷりと残し、自然に破壊の斧《おの》を入れる人間の行為にきびしい警告を発してはいるが、神宮の神殿建築や配置は自然そのものどころか、自然に対する人間の自己主張をみごとに表わしている。

それが直線の強調にほかならない。

なぜかというと、自然のなかに、直線のものなどはなんにもないのである。直線では自然は成立しない。自然のすべては曲線とか曲面といったものによって構成されている。

自然の外に出ることはないが、とりあえず自然とは別の次元の世界をつくらなければならなかったこと、それが人間の幸福と不幸が同時にスタートした理由だ。

人間は、何によって自分を人間として意識することが可能か？

自然には存在しないものに取り縋《すが》ること、つまり直線の創造だ。

伊勢神宮に限ったことではない。およそ神社とか神殿とかいったデザインのすべてが直線の強調を生命にしている事実を、あらためて考えていただきたい。

神社は森との組み合わせが絶対のものだ。森があれば神社が建てられ、神社が建てられれば背後に森が育てられる。

ちょっと考えると、森は神社を隠し、カミと人間とを遠ざけるような役割をはたしているようだが、現実にはそうではなく、森のなかにある直線の存在感を強調する役割をはたしているわけだ。

心細い思いで深い森のなかをたどってゆき、森の奥の直線の神社の前に立つときに人間は——日本人は——自分を発見して安心する。神社というものは、そういう効果をねらって森のなかにつくられている。

神に奉仕する人々の「心身の平静」

外宮の一角に「斎館《さいかん》」という建物がある。勾玉《まがたま》池と神楽殿《かぐらでん》のあいだのあたりで、ふつうの参拝者にはあまり縁のないところだが、朝夕の御饌《みけ》（神の食事）を供《そな》える神職が、奉仕の前夜からこの斎館に泊まって潔斎《けつさい》するさだめになっている。

わたくしたち日本人には、潔斎といえばおよその見当はつくのだが、見当がつくだけにとどまっていて、その奥のところまで考えることは少ないのではなかろうか。

櫻井禰宜によると、外国人の宗教学者は斎館でおこなわれる潔斎について、ほぼ共通した質問をするそうである。

「斎館では、神に近づくために何か積極的な行為をするのですか？」

神官たちが潔斎《けつさい》する外宮の斎館《さいかん》

肉体的な修行が念頭に置かれての質問なのである。別の人格に生まれ変わるための、いわゆる「秘儀」といったものが想像されている。

では、実際にはどうかというと、「いわゆる行《ぎょう》らしいものは何もない」のである。〝行〟のようなことは何もしないが、「心身の平静」を得るために「日常との断絶」をこころがける、それが斎館での潔斎だ。

神に奉仕するには、日常の汚れを払い、心身ともに平静の状態でなくてはならない。言葉でいえば簡単だが、実際には、これほど難しいこともない。

そこで人為的な斎館という環境、あるいは装置を用意して、そこで一夜を過ごすことで日常生活のあれこれと断絶し、心身の平静を得るのだろう。

――わざわざ斎館にこもらずとも、本人の意志と心構えさえしっかりしていれば日常生活の汚れを払うのは可能なはずではないか？

いかにも正論のように聞こえるが、じつはこれは人間の弱さというものに目を向けない意見なのである。

人間は弱いものだから日常生活で汚れてしまい、しかも、自分の力では汚れを払うことができない。

神宮の重要な祭、月次祭《つきなみさい》の奉幣《ほうへい》の儀（神宮司庁提供）

斎館にこもって潔斎するという考え方は人間の弱さの自覚に立脚している、だから素晴らしいのだ。

だが、まちがってはならない。

弱い人間が斎館にこもって潔斎すれば強い人間に生まれ変わるとか、罪ある者が潔白になるということではないのだから。

4 なぜ僧侶が、伊勢神宮に参詣したのか

——伊勢へ向かった僧の一団と「東大寺大仏」の謎

「僧侶は拝殿に近づいてはならぬ」

神道と仏教――仲がよかったといっていいのか、悪かったといわねばならないのか、じつにむずかしい。

こんな話がある。

ある僧侶が伊勢神宮に参詣《さんけい》しようと考え、ふつうの人の服装に着替えて――頭には頭巾《ずきん》をかぶったのだろう――拝殿に近づいたところで神官に見咎《とが》められた。

「あんたはお寺の人じゃないですか。僧や尼さんのためには特別の『僧尼拝所《そうにはいしよ》』がもうけてあります、そっちへ行ってください」

発見されるのは予定のこと、「よーし、言い負かしてやるぞ」とばかりに、準備してきた理屈をならべたてる。

「僧職にある者に参詣させない掟《おきて》は知っておる。しかしじゃ、そもそも本地垂迹《ほんじすいじやく》と申して、仏と神との区別はないのじゃ……」

「ほほお。掟のあるのを知っていながら掟を破ろうというのなら、よろしい、言ってあげましょう。諸国には女人禁制のお寺がたくさんありますが、あなたと同様、女の人が掟をやぶって女人禁制の寺に参詣してもよろしいわけですな」

かつて僧たちは、この風宮《かざみや》橋を渡って「僧尼拝所」へ行った

お坊さんはすごすごと退散した。『翁草《おきなぐさ》』に出てくる話だから、江戸時代にあったこと、あるいは、事実めかしてつくられたフィクションだろう。

僧尼拝所というのは内宮の風宮橋《かざみやはし》（風日祈宮橋《かざひのみのみやはし》）の左岸をのぼったところにあった。その風宮橋はどこにあったかというと、五十鈴《いすず》川の支流で、いまは島路《しまじ》川といっている小さな流れにかかっている。

参詣順路にあわせて説明すると、五十鈴川の宇治《うじ》橋を渡って右に折れ、「斎館《さいかん》」や「神楽《かぐら》殿《でん》」のあるところを左にゆくと「正殿」の前に出る。

ふつうの人はこの順路で正殿に参拝するわけだが、参拝を禁止されていたころの僧尼は斎館や神楽殿のところを曲がらず、まっすぐに南へゆくことになっていた。そうすると島路川があって、風宮橋を渡ったところが「風日祈宮《かざひのみのみや》」だ。僧や尼、医師など、頭をまるめたひとは、すべてここから正殿を遙拝することになっていた。

内宮の広大な神域は五十鈴川と島路川に囲まれたかっこうになっていて、僧尼拝所や風日祈宮は神域の外側、あるいははずれたところにある。僧や尼をいかに差別するかに汲々《きゆうきゆう》としていた姿勢がうかがえるのである。

松尾芭蕉《まつおばしよう》も頭をまるめた姿をしていたから、この僧尼拝所からでなければ参詣できなか

内宮の別宮・風日祈宮《かざひのみのみや》（手前の古殿地に新しい宮が建てられる）

った。芭蕉の先生で医師でもあった北村季吟《きたむらきぎん》も同様だ。

例外がないわけではない。

後深草《ごふかくさ》上皇に寵愛《ちょうあい》された二条《にじょう》という女性（久我雅忠の娘）は人生の煩悶《はんもん》のすえに出家して、諸国の寺社巡礼の旅に出た。

東国をまわって尾張《おわり》の熱田《あつた》神宮に参り、いったん京都にもどろうと思っていたときに修行者から、「津島《つしま》の渡し船に乗れば伊勢は近い」と聞いて伊勢参詣を決意した。

津島から桑名《くわな》をへて伊勢に着いた二条はまず外宮にゆき、外宮の僧尼拝所とされていた二の鳥居で礼拝をすませようとした。

しかし、神官のはからいで正殿まで案内され、尼の身でありながら普通の人と同様なかたちで礼拝することができた。

内宮ではどうであったのかわからないが、二見浦《ふたみのうら》の見物を望んだ二条に荒木田禰宜《あらきだねぎ》が案内人をつけてやった好意を思うと、やはり特別にあつかったものと思われる。

嘉元《かげん》四年（一三〇六）ごろのことで、彼女はこの参宮のことを『とはずがたり』という日記体の作品のなかに書いている。

上皇の寵愛を受けた女性という経歴があっての特別扱いにはちがいないが、外宮に行ったときの彼女が、「自分は尼になっているのだから、ふつうのひととおなじところからは礼拝できない」という認識をもっていたのは注目に値する。

僧侶や尼でも参詣してよろしい、しかしふつうのひととは異なる扱いになるから、そのつもりで――これが仏教関係者に対する神宮側の姿勢だった。

なぜ「お経」はタブーの言葉なのか

伊勢神宮で「染紙《そめかみ》」といったら、何を指すか？

――色紙みたいなものじゃないかな、ありがたい祝詞《のりと》の文句を書きつける材料。祝詞の文句という発想はなかなかよろしいが、正解ではない。

伊勢神宮で「染紙」といえば、仏教のお経のことだった。

「紺紙金泥《こんしこんでい》の経」という言葉があるように、お経の地紙は紺色に染めてあるのを高級なものとした。紺紙に金泥で経文の字を書いたのが紺紙金泥の経である。

神道と仏教の区別を厳格につけなくてはいけないというタテマエがあるから、お経を「経」というと仏教を全面的に認めているようになる。そこでわざわざ「染紙」と言い換えてタテマエを守ったのだ。

こういう言葉を「忌詞《いみことば》」といい、伊勢神宮では十四の忌詞がつくられていた。十四のうちの七つまでが仏教に関するものである。

仏《ほとけ》—中子《なかご》、経—染紙、塔—あららぎ、法師—髪長《かみなが》、優婆塞《うばそく》（在家の仏教修行男性）—つのはず、寺—瓦葺《かわらぶき》、斎食《さいじき》—片食《かたじき》。

すぐにはわからないものもあるが、「寺—瓦葺」などは傑作だ。瓦で葺《ふ》いた寺院の屋根は、檜皮葺《ひわだぶき》の神宮の建物とまさに対照のものだから。

仏教関係のほかでは「打つ・泣く・血・死・墓・病む」と「宍《しし》（動物の肉）」とが忌詞として口にすることを禁止されていた。

前の六語は「現実の幸福を否定することがら」として、また「宍」は「一般人は食用としない品」として禁止されたと考えられている（櫻井勝之進『伊勢神宮』）。

僧尼拝所の設置も忌詞の選定も、仏教の浸透に対して神道が受け身の姿勢になっていることがわかる。仏教をやっつけてやろうといった、攻撃的な姿勢は感じられないのである。

「仏教そのものは排除しない。しかし、影響を受けるつもりはないぞ」

こう言っている感じだ。

仏教伝来時まで遡《さかのぼ》る「反仏教」思想

先に神道があって――神道という言葉は新しくつくられたものだが――そこへ仏教がやってきた。

仏教を朝廷の政治にとりいれようとする蘇我《そが》氏と、それに反対する物部《もののべ》氏とのあいだに抗争が起こって蘇我氏が勝利をおさめた。

その結果として、蘇我氏に擁立された天皇は仏教中心の政治を展開した――こんなふうにいわれている。

蘇我氏は勝利したが、といってそれが神道の滅亡につながるものではなかった。

仏教の側では、むしろ神道と妥協してゆくことに展望を見出したように思われる。

神と仏とは本質的におなじであるとする「神仏習合思想」をもちだしたのは天台《てんだい》宗や真《しん》言《ごん》宗であり、そこから、本地である仏や菩薩《ぼさつ》が神という仮の姿になって日本に現われていたのだという「本地垂迹説」が生まれ、また、いやそうじゃない、神が本地で仏や菩薩が仮の姿なんだという「反・本地垂迹説」が出てきたりした。

時と場合によって妥協と反発のバランスが微妙に変動する、それが神道と仏教の関係だと思えばいいようだ。宗教の世界での朝廷や幕府の権力は、そのバランスのうえに乗っかっていたともいえる。

妥協と反発のバランスとはいっても、両者は同時スタートを切ったわけではない。後発の仏教が先発の神道に入りこもうと試み、それを神道が避けようとする、というかたちのやりとりである。

宝亀《ほうき》年間（七七〇〜七八一）のことだが、伊勢の神官のなかにも新しい仏教に興味を感じ、積極的に仏教を学ぼうとする者が出てきた。すると朝廷は、「神宮の役所や宮中で仏事をおこなうのは男女の密通と同様の罪とする」という掟をつくった。

神宮の幹部たちが、朝廷に願ってつくってもらった掟にちがいない。それでも神官のあいだの仏教への興味を根絶するにはいたらなかった。

奇妙な逸話——大仏建立《こんりゆう》に感激した天照大御神

神道関係者のなかには、「仏教が攻撃をかけてくる、警戒しなければならん」という雰囲気が強くなった。

天平《てんぴょう》十五年（七四三）十月、聖武《しょうむ》天皇は東大寺《とうだいじ》に巨大な大仏（盧舎那仏《るしゃなぶつ》）をつくると発表した。

東大寺の大仏のスケールの大きさ、造営プロジェクトの膨大さをどう表現したらいいのか。新幹線と高速道路を全国にいっせいにつくってしまう、それぐらいにすさまじい事業であった。

これに協力したのが民間で圧倒的な支持を得ていた僧の行基《ぎようき》であるが、行基の大仏造営協力について『元亨釈書《げんこうしやくしよ》』はつぎのように述べている。『元亨釈書』は鎌倉時代の末期、京都東福寺《とうふくじ》の虎関師錬《こかんしれん》によって書かれた日本仏教史だ。

聖武天皇は行基に一粒の仏舎利《ぶつしやり》（釈迦の骨）を与え、これを伊勢神宮に奉納せよと命じた。

行基は神宮の社前にこもって祈りをささげていたが、七日目の夜、神殿がひとりでにひらき、どこからか大声がとどろいた。

「わたしはいま、これ以上はない大願に接して、渡りに船を得た気持ちである。また、尊い宝珠を受けて、暗闇に明かりを得た思いである。行基よ、その舎利は飯高《いいたか》の地に埋蔵せよ」

アマテラスの声にちがいない。

大仏を建立《こんりゆう》する聖武天皇の大願にアマテラスは大感激し、建立の成功を願うために大切な仏舎利を奉納するという天皇の志《こころざし》が「渡りに船、暗闇に明かり」を得たようにうれしいというのだ。

仏舎利は仏教徒にとっては最高の価値があるが、日本の神のアマテラスには一文の価値もない。

アマテラスが大感激するはずはないのだが、仏舎利そのものより、舎利を奉納したいという聖武天皇の気持ちがうれしい、ということなのだろう。

だが、そうはいっても、腹立たしい気持ちをおさえられないひとはいた。神道擁護の立場にたって、仏教を排撃しなければならない、仏教がはいってきてから日本はまずくなったと思いこんでいるひとだ。

筑後《ちくご》（福岡県）出身の医師で、診察のミスから患者を死なせてしまった後悔に耐えられず、医師をやめて学問にうちこんで晩年を過ごしたひと、それが藤井懶斎《ふじいらいさい》だ。

正徳《しょうとく》五年（一七一五）に刊行された『閑際筆記』のなかで、懶斎はこの事件に対する怒りの言葉を書いている。

結論から先に言うと、この事件は仏教関係者がつくったデマにすぎない。

「もし『元亨釈書』の言うのが事実ならば、神宮で仏事をおこなうのを禁じなかったことになり、掟に反している。神が『渡りに船』とか『暗闇に明かりを得た思い』と言ったなどというのは、とんでもない。また神殿がひとりでにひらいて、『実相真如《じっそうしんにょ》』などという大声がしたのが事実なら、天下の一大奇事である、国史に正しく書いてあるはずだ。それが書かれていないのは、この話のすべてが後世の仏教者の虚言だからである」

なかなか筋は通っている。「これがウソなのは子供でもわかる」と懶斎は言う。子供にさえ見破られるウソをついてまで、なぜ『元亨釈書』は、天皇が行基を伊勢神宮に行かせたなどと書いたのだろう？

しかし、また、こういうふうにも考えられる――『元亨釈書』の書き方がまずいのであり、行基の代理のものが伊勢に行ったのは本当ではなかったのか、と。

つまり、聖武天皇としては重要な人物を伊勢神宮に派遣しなければならない、切羽《せっぱ》つまった事情があったのではないか、という推測が生まれる。

では、その切羽つまった事情とは、なんであったか？

この謎はそのままにして、もうひとつ、奇妙な話がある。

再三、伊勢へ向かう僧の一団とは……

東大寺の大仏は平重衡《たいらのしげひら》の軍隊に火をつけられ、全焼してしまう。治承《じしょう》四年（一一八〇）十二月二十八日のことだ。

平家を滅亡させて権力をにぎった源頼朝《みなもとのよりとも》はさっそく大仏の再建事業にかかり、俊乗坊重源《しゅんじょうぼうちょうげん》を責任者とした。

重源は一輪車に乗って全国くまなく駆けまわり、大仏再建の資材と資金、そして人力を集める。

再建事業にとりかかったそのとき、重源は——

——わかった！　重源は伊勢神宮に行った、そうじゃないの？

そうなんですよ。

東大寺の大仏をつくる、焼けたから再建する、となると、まるで法律で決まっているかのように、造営責任者の僧が伊勢神宮に参拝するのだ。

これを奇妙といわずしてなにを奇妙というか、と言いたいくらいに、なんとも奇妙ではないか。

時代が古いせいもあって行基の伊勢参詣の件はぼんやりしているが、重源の場合ははっ

内宮、外玉垣《とのたまがき》から中重《なかのえ》の鳥居、内玉垣《うちたまがき》南御門を望む

きりしている。

文治《ぶんじ》二年（一一八六）四月、僧侶六十人をふくむ七百人もの大勢が奈良から伊賀《いが》の黒田荘《くろだのしょう》をへて伊勢に向かった。

そもそも、重源がなぜ大仏再建事業をひきうけたのかといえば、夢に弘法大師空海《くうかい》が立って、「汝《なんじ》は東大寺の大仏を再建すべきである」と告げたからだ。

そして、伊勢神宮に参詣したのは、これまた彼の夢に伊勢の大神、つまりアマテラスが現われたからだという。

重源ほどの大物の僧ともなれば、見る夢もわれわれ凡人とはちがうはずで、「夢のお告げなんて、ウソさ」とは一概に言えるものではない。

だけど、一度ならともかく、二度までも夢告をもちだされると、

「ウソだな。なにか大変なことを隠すために夢告をもちだしたんじゃないか？」

疑いたくなるのも無理はない。

そこで、疑うことにする——大仏造営と伊勢とのあいだには大変な謎がある、それはなにか？

ひとつの手掛かり、伊勢・丹生《にう》村に眠る「水銀」

行基の伊勢参詣の話では、アマテラスが「その仏舎利は飯高にもっていって埋めなさい」と指示したことになっている。

飯高とは旧松阪《まつさか》市の大部分と旧飯南《いいなん》郡の全部、それに旧多気《たき》郡勢和《せいわ》村のなかの旧丹生《にう》村、多気町の旧鍬形村をふくむ地域をさす古い名称である。

なかなか広い地域だから、アマテラスが言った「飯高」がどの地点を指しているのか、よくわからない。

わからないけれども、推測の手掛かりがないわけではない。

①そもそもの発端は大仏建立であった。

②伊勢では古くから水銀を産出していた。

この二点をあわせて考えると、アマテラスが言った伊勢の飯高とは丹生村を指していたのではないかという推測がなりたつのである。

伊勢の飯高の丹生——そここそ水銀の産地だった。聖武天皇の熱い願いに感激したアマテラスは、「それなら丹生に舎利をおさめなさい」と行基に教示したわけだ。

行基に「丹生へ行きなさい」と指示したのは、「丹生の水銀を奈良に運んでよろしいよ」

という許可である。

つまり行基は丹生の水銀が欲しかった。

行基が本当に伊勢神宮に参詣したのかどうかはさておき、大仏をつくるには水銀を手に入れなければならず、その水銀を多量に産出するのは伊勢の丹生だった。

重源が伊勢神宮に参詣したのもおなじ理由にちがいない、水銀が欲しかったのである。

なぜ、水銀なのか?

東大寺の大仏の巨大なことはだれでも知っているが、巨大な大仏像の顔、あるいは両眼が金メッキされていたのは意外に知られていないようだ。大仏はピッカピッカに光り輝いていたのである。

本来なら全身を金メッキしたいところだが、どうやら資金や資材の不足で顔だけ、あるいは両方の目だけが金メッキされていたらしい。それでも顔の長さは五メートルに近く、目の長さは一・二メートルもあったのだから、仰《あお》ぎ見る者の感動はすばらしかったはずだ。

さて、大仏は青銅の鋳物である。

青銅製の仏像の表面に金メッキしたものを「金銅仏《こんどう》」と呼ぶ。東大寺の大仏は金銅仏だった。

大仏に金メッキしたのは「水銀アマルガム法」という技術によった。水銀（2〜3）のなかに金（1）を溶かしてアマルガムをつくり、鋳物の表面に塗りつける。そうしておいて三五〇度に加熱すると、水銀が蒸発して金が鋳物の表面にメッキされる。

いまなら別の技術もあるようだが、当時では水銀アマルガム法しかなかったから、水銀が不可欠だった。

金メッキするからには金が必要なことはいうまでもないが、金があっても水銀がなければ、まさに宝の持ち腐れになってしまう。

重源が再建した大仏の開眼《かいげん》供養のときには顔面の金メッキは完成していた。そのあとで全身に金メッキがほどこされたのかどうか、わからない。

顔だけでも熟銅八万三九五〇斤《きん》、黄金一〇〇〇両、金箔一〇万枚、そして一万両の水銀が使われたことが記録されている。

国家の大事業に不可欠だった伊勢水銀

天平の大仏建立も鎌倉時代の大仏再建も、ともに国家の事業である。天平の聖武天皇、鎌倉の源頼朝、どちらも権力の絶頂にあった。

「伊勢の丹生の水銀は、すべて大仏のメッキに使う。ほかの部門に使ったら厳重に処罰する！」

一枚の書類に署名するだけで済むはずだと思われるのに、行基を伊勢に派遣する、重源に神宮を参詣させるといった仰々《ぎょうぎょう》しい手続きを踏まなくてはならなかった。

なぜ、だったか？

朝廷は伊勢国から水銀を税として献納させていた。それに関連して、『今昔《こんじゃく》物語』にこういう話があるのが注目される。

地蔵菩薩を信仰していた男が「郡司に催促されて」水銀を掘りに行った。水銀採取の穴を掘っていると、とつぜん穴がくずれて生き埋めになったが、地蔵菩薩のおかげで命を救われたという地蔵信仰にかかわる話だ。

ここで注目したいのは「郡司の催促で」水銀を掘りに行った、という部分である。

これが何を意味するかというと、伊勢の丹生の水銀生産能力は、税として徴収される量を上回るものだったという推測につながるのである。

言い換えると、納税してもまだ残りがあったということだ。

朝廷から、「今年の水銀の貢納《こうのう》が遅れている、はやく納めよ」と催促があり、国司から郡司へ指示があって、この人夫は水銀を掘りに出かけた。

そこで、もし郡司からの催促がなかったとしたら、どういうことになっていたか?

人夫は水銀を掘らない。掘ったとしても税としては提出しないで、隠しておいて村の財産にするだろう。

伊勢国からの水銀貢納が政府のさだめた規定量に達していようが不足であろうが、生産現場の知ったことではない。

朝廷としては、税を取るために伊勢で水銀を掘らせていると思っているだろうが、現場ではそうではない。

よそにはない地下資源を、秘伝の技術を駆使して採取して地元の利益の蓄積をはかっている。

朝廷ににらまれているから税として水銀を納めるけれども、税を納めたいから水銀を掘っているわけではない。納税が目的なら、汗水たらして水銀を掘るつもりなんか、ぜんぜんないのである。

伊勢の飯高の人々は、採取した水銀の一部を税として都に納め、残りを地元に蓄積して商品として都に売り出していた。税と商品との割合がどういう数字であったか、そこまではわからない。

聖武天皇が大仏建立を計画するまでの日本の水銀事情は、以上のようなものであった。源頼朝が大仏再建を指示するまでの事情も同様であったといっていい。

行基《ぎょうき》、重源《ちょうげん》——ふたりの傑出した僧

大仏建立、そして大仏再建——伊勢の水銀生産と流通が従来どおりなら完成は不可能だった。青銅の鋳物の大仏でいいというならともかく、そんな情けないもので聖武天皇や頼朝が満足するはずはない。

少なくとも顔に、それが無理なら両眼だけでも金メッキで輝いていなければならない。青銅の鈍い色の顔や目の大仏では、開眼供養のはなばなしさなど期待できるものではないのだ。

水銀生産と流通に激変が起こらなければ大仏は建立されない、再建も不可能である——

ならば、その激変を起こそうではないか、というのが行基と重源の伊勢参詣であった。

大仏建立は国家の大事業である、だから神の加護をいただくために伊勢神宮に使者を派遣するというのであるなら、聖武天皇の勅使《ちょくし》、将軍源頼朝の正式の使者のほうがふさわしい。


なぜ行基であったのか、重源であったのか？

その謎は、行基や重源の才能と経歴をみることで解けるはずだ。

まず行基から考えてみよう。

主として民間で活躍した行基の身辺はさまざまの伝説であふれているが、よく注意してみると、行基の業績は医療・土木・建築に重点のあるのがわかってくる。

行基自身とその周辺には、当時の先端科学技術が集中していた。

あるときには国家権力の代行として、あるときには地方資本の要請を受けて技術を発揮するのが行基グループの実態だったはずだ。

そしてまた重源は、「支度第一俊乗房」というニックネームをつけられたほどの開発と建築のベテランであった。

彼は三度も宋《そう》（中国）に留学したという。留学中に阿育王山《あいくおうざん》の舎利殿の修理に参加したのが先進的な建築、とくに寺院建築の技術を身につける基礎になったといわれる。重源の宋留学そのものを疑問視する研究もあるのだが、それはそれとして彼は寺院建築の第一人者として有名になり、平家から源氏へ政権が交替した時代の要請ともあいまって、「寺をつくるなら、まず重源に相談してから」といわれるようになった。

寺をつくるのは大工仕事だけではない。

それに先だって立地条件の診断、資材の搬入や労働力の調達といったさまざまの問題を解決しなくてはならないが、それは政治の分野にかかわるものであった。つまりハードとソフトの両面における抜群の能力が「支度第一俊乗房」の名を生んだのである。

行基と重源とはこういう人物であった。

天皇の勅使や将軍の使者といった、格式は充分だが実際の能力のない者ではつとまらないのが大仏建立、大仏再建であったからこそ、政務と実務のベテランを伊勢に派遣しなければならなかったのだ。

神官立ち合いのもとにおこなわれた重源の参詣

それでは、行基や重源を迎えた神宮はどういう事情であったのか。

彼らは超大規模プロジェクトの責任者である。神前におさめる初穂料《はつほ》は少なくないはずで、それはそれで結構なことだが、問題は水銀にある。

水銀は伊勢の宝だ。となれば神宮にとっても貴重な資源であり、中央政府の勝手にさせたくはない。

これまでにない量の水銀が政府の思いどおりの価格で買い占められたならば、伊勢国の全体、ひいては神宮自体の経済力の低下をきたすのだ。

重源の場合をみると、山田では度会《わたらい》氏の氏寺《うじでら》の常明《じょうみょう》寺、二見の天覚《てんかく》寺というように、もっぱら寺院を宿舎としたようだ。

重源一行の最大の目的は神宮の社前で大般若経《だいはんにゃきょう》を展読することだが、それとは別に一行の随員には、「神宮の正殿に参詣したい」という切望があった。僧侶には許されないことだが、だからこそこのチャンスに実現したいと思うのは無理からぬことだ。

そこで神宮側がどうしたかというと、外宮では夜の闇にまぎれて、こっそりと、内宮では神官が二人、三人と案内して社前での参詣を実現させてやったということだ（『三重県の歴史』）。

伊勢の水銀を安値で買い占めないでほしい——この願いがあっての僧侶懐柔《かいじゅう》作戦では

なかったかと思うわけだ。

随員の僧侶を懐柔したからといって、それが水銀に対する重源の要望に水をかけられたかどうか、じつをいえば、はっきりしたことはいえない。

しかし、重源の伊勢参詣から十二年後に、神宮を本所とする「水銀座」が成立した事実を考えると、

「伊勢の水銀は伊勢自身の手で守らなければならん」

こういう姿勢が生まれたのは確かだ。水銀座の成立には、重源一行の接待で苦労した神宮の経験が生きているにちがいない。

水銀のメッカ、丹生村と神宮寺

伊勢水銀のふるさと、すなわち「シルバー・バレイ丹生」は松阪と伊勢市のあいだを流れる櫛田《くしだ》川をさかのぼった山間《やまあい》の土地だ。

山間の地というと、なにやら侘《わび》しい印象を受けるだろうが、かつての丹生は山田や宇治に劣らぬ賑《にぎ》わいをみせていたのである。水銀採取に働く職人が各地から集まり、水銀売買にかかわる商人の店が軒をならべていた。

丹生大師《にうだいし》の隣りにある丹生神社。千木は外宮と同じ〝外削ぎ〟

丹生の中心は「丹生大師」の別名をもつ「神宮寺」だ。ただしくは「丹生山成就院《じようじゆいん》神宮寺」という。

本尊の十一面観音のほか、弘法大師空海が自分で刻んだと伝えられる大師像もあるという、じつに由緒ある寺院だ。

弘法大師というと、大師の故郷の四国はもちろん、日本のいたるところに「これは弘法大師空海さまのお作です」と説明のつく寺院や仏像、はては灌漑《かんがい》用水路や貯水池がある。ひっくるめて弘法大師伝説というのだが、弘法大師最大の建築というか開発といえば、紀州の高野山に金剛峯寺《こんごうぶじ》をひらいたことだ。

人里離れたきびしい環境でなければ真言密教の秘伝を学ぶことはできない——そういう純宗教上の問題とは別の視点から高野山をみれば、全山が水銀鉱脈の上にあるという地質学の大問題になるのだそうだ。

水銀鉱脈の上にどっかりとすわっているのが高野山金剛峯寺で、金剛峯寺を建てた弘法大師はまたシルバー・バレイの丹生に神宮寺も建立した。

金剛峯寺も丹生神宮寺も水銀の守護神の役割を背負っていた、そう言っても過言ではないだろう。

神宮寺には水銀採取用の汞砂《こうさ》器と焼釜とが所蔵され、ともに中国からの伝来品らしいといわれているそうだ。

神宮寺の近くに「西導寺《さいどうじ》」があり、土佐光信《とさみつのぶ》の筆になる「法然上人絵伝《ほうねんしょうにんえでん》」が寺宝になっている。

この作品は水銀販売で巨額の財をつくった丹生の豪商「梅屋・長井四郎左衛門《ながいしろうざえもん》」が寄進したものだ。この梅屋から松阪の三井家《みついけ》に嫁いでいった「かつ」という女性を母として生まれたのが、三井財閥の創始者三井高利《たかとし》なのである。

水銀から〝伊勢白粉《おしろい》〟へ

丹生から櫛田川に沿って八キロほど下った左岸にあるのが射和《いざわ》の町だ。

上流の丹生で採取される辰砂《しんしゃ》を精錬して水銀にしたり、その水銀を焼成して化粧品の「伊勢白粉《おしろい》」をつくり、全国に販路をひろめて財を集めたのが射和商人であった。

櫛田川は、この射和から下流が航行可能の水域になる。射和で荷を積んだ船はそのまま伊勢湾に出てゆけるから、水銀や白粉、そのほかの伊勢の産物の積み出し港として絶好の位置を占めていた。

薬九層倍といって、薬品の製造販売ほど儲かる商売はないとされている。化粧品も薬の一種だから、射和の白粉製造と販売は大いに儲かった。

儲けがあるとなると、それまでは無関係の商人がどっと参入して利益の分け前にあずかろうとするのはいつの世もおなじこと。

射和の白粉商人は伊勢神宮を本所にして、射和白粉座という座を結成した。室町時代のなかごろであったろう。

権威のある本所にいくばくかの献金や労力を提供し、その見返りとして新規参入を認めない独占権を認めてもらうのが商人の座である。

室町時代の末期に、射和白粉座の本所は神宮から公家の伯家《はくけ》（白川家）にうつった。戦国乱世のあおりを受けて神宮の権威が低下したため、射和白粉の商人たちは、「これでは特権を守れない。神宮よりも強い権威に頼って特権を維持しなければだめだ」という意見をもつようになったのだ。

本所を新しくしてヤレヤレと思うまもなく、射和白粉の業界は恐怖のどん底に突き落とされる。

それが何であったかというと、中国やヨーロッパから新種の白粉が、多量かつ安値で輸

丹生の豪商とも因縁深かった三井《みつい》家（松阪市）

入されるようになったからだ。

中国やヨーロッパの白粉を輸入販売した商人の代表は堺《さかい》の小西《こにし》という人だ。豊臣秀吉の重臣で、関ケ原の合戦で西軍を指揮して敗れ、京の鴨川《かもがわ》の河原で処刑された小西行長《ゆきなが》の父にあたる。

伊勢湾の射和と瀬戸内海の堺——とても勝負にならない。

射和の白粉商人が堺に対抗して瀬戸内海貿易に進出しようとしても、熊野灘《くまのなだ》の荒波と戦い、なおかつ志摩の大王崎《だいおうざき》や紀伊の潮岬《しおのみさき》の難所をまわらなくてはならない。条件がちがいすぎる。

もっとも、射和白粉にまったく希望がないわけではなかった。

「オイ、きいたか。舶来の白粉にはナマリが使ってあるそうだ」

「ナマリが！　そんな白粉を使ったら、大変なことになりはせんか？」

そのとおりである、舶来の白粉の原料はナマリである。だから肌にノリがよく、また安値であったわけだが、ナマリ製品を肌に塗りつけたら鉛毒にやられる恐れがある。

「舶来白粉は危険だ、ナマリが使ってあるぞ！」

品質の危険性を宣伝してライバルを蹴落とす方法はあったのだが、いつの時代にも「安値、効率」は大衆とか消費者には万能の効果がある。「ナマリ白粉は危険だ、危険だからこそ安いのだ」と反論してみても、勝ち目はないのであった。

なお悪いことに、丹生の水銀生産がじり貧《ひん》の一途をたどった。となると原料高に拍車がかかり、船来白粉との勝負はますます射和に不利になる。

梅毒の特効薬も〝伊勢水銀〟だった

射和の白粉は船来の白粉との勝負に敗れた――この知識だけをもって射和を訪ねるのは間違いのもとになる。

射和の町並みには往時の繁栄をしのばせる面影が濃厚であって、その繁栄は豊臣秀吉の時代よりは後までつづいたのではないかという錯覚さえ起こさせる。

――船来の白粉との競争に敗れたのは江戸時代になって、しばらくしてからのことだったんじゃないのかな？

そういう疑問の出るのももっともだけど、歴史の事実は動かせない。射和の白粉が船来品との競争に敗れたのは戦国時代の末期だった。八十八軒もあった釜元がつぎつぎと閉鎖に追いこまれていったのだ。

——でも、それにしては、この面影は豪勢すぎるようだが？

謎がある。

どんな謎かというと、バイドクである。

——バイドク！

——そうです、性病のなかでもっとも残酷な梅毒が江戸時代初期の射和の繁栄をつくったのです。

南蛮《なんばん》貿易は外国産の白粉をもってきて射和の白粉を駆逐《くちく》したが、それと同時におそろしい梅毒ももってきて、たちまち流行させた。

不幸中の幸いとはまさにこのこと、水銀を原料とする射和の軽粉《はらや》（水銀粉）が梅毒に対する特効薬だとわかったのである。

白粉と軽粉とは、どちらも水銀を原料としてつくられる。くわしいことはさておき、製法が少しだけ異なるだけで、おなじものだといってもいい。「化粧品としては白粉といい、梅毒駆除剤としては軽粉という」と説明しても間違いではない。

「軽粉は梅毒に効くぞ！」

「待てーっ、釜をこわすな！」

射和《いざわ》から水銀や白粉《おしろい》を伊勢湾へ運んだ櫛田《くしだ》川

釜元がつぎつぎと閉鎖され、水銀製造の設備があとかたもなく破壊される寸前、軽粉製造装置へと転換した。

丹生水銀の生産量は減少をつづけ、軽粉の原料価格も高く、したがって舶来の白粉よりはるかに高価となったが、そんなことはかまわない。

たかが化粧品の白粉より、おそろしい梅毒を治す軽粉がいくら高価であっても当然なのだ。

射和の町を歩いて感じる「往時の繁栄の面影」とは、梅毒の流行と、それを排除しつつ性の行為に邁進《まいしん》した日本人の、いわば絶対必要経費によってもたらされたものだ。

5　神に仕《つか》える皇女・斎宮《さいぐう》の生活

——古代から中世まで続いた〝神に嫁《とつ》いだ皇女たち〟

伊勢の皇女と「おとこ」のロマンス

むかし、伊勢の大淀《おおよど》というところで、男と女の別離があった。大淀の海岸には松の古木があり、浜辺には伊勢湾の波が打ち寄せる。松は根を深く張り、微動だにしない。打ち寄せる波は、松にはなんの未練もみせずに、また帰ってゆく。不動の松と変動きわまりない波——別れをうらんだ女は、この対比を歌にうたった。

大淀の松はつらくもあらなくに
　うらみてのみもかえる波かな

——微動もしない大淀の松は、わたくしの変わらぬ愛を示しています。それにくらべて、まあ、どうでしょう、あなたの心はまるで波みたいに変わる。いま来たかと思うと、すぐに帰ってしまう。

近鉄山田線の終点の宇治山田の五つ手前が「明星《みようじよう》」駅で、駅から北にゆくと大淀漁港に出る。漁港の近くに「なりひら松」が立っている。これは三代目だそうだ。近くには「なりひら保育所」の名もみえる。保育所というとシラユリとかヒマワリといった名前を連想するが、「なりひら保育所」とはなんとも傑作で、思わず拍手を贈りたい

平安のロマンを今に伝える〝なりひら松〟

気になる。

「大淀の松はつらくもあらなくにィ――」なんて歌いながら育つ子供の将来は、あったかいものになるに決まっている。

なりひら――ほかでもない、恋の歌人の名をほしいままにする在原業平《ありわらのなりひら》そのひとだ。

『伊勢物語』の六十九段から七十五段にかけて、物語は伊勢の多気《たき》郡を舞台に展開する。物語の主人公は「おとこ」である。「おとこ」は業平そのひとであるともいえるし、業平に似せて創作した人物ともされ、そのあたりはややっこしいから、あんまりこだわらないようにしよう。そもそも、ややっこしいから「おとこ」ということにしたのである。

第六十九段の話は、こういうものだ。

「おとこ」が伊勢の国に天皇の使者としてゆくことが決まると、天皇は、伊勢にいる自分の娘に手紙を書いた。

「こういう者が、そちらにゆきます。ていねいに接待しなさいよ」

さて、話の最初からゴタゴタして申しわけないが、ここに疑問をはさんでいただかなくてはならない。

天皇の娘が伊勢にいる――そんなことがあっていいのだろうか?

天皇の娘といったら、皇女《みこ》とか女王《おおきみ》といわれ、場合によっては女帝にならないともかぎらない、高貴そのものの女性なのである。

そういう女性が伊勢にいたというのだ。

天皇の手紙には、「そちらにゆく者はわたくしの使者だが、ふつうの使者ではないから、そのつもりで、特別にていねいに接待しなさい」という意味が記してあった。

ふつうの使者ではない、と天皇がわざわざ断わっているのをみると、この女性は長いあいだ伊勢にいて、天皇のふつうの使者を何度も迎えていることがわかる。

皇女の旅行はありえないことではないが、長いあいだ伊勢に滞留しているなんて、なにかのまちがいではないのか？

神に仕える皇女・斎宮とは

この皇女は斎宮《さいぐう》であった。

斎宮は、ただしくは斎王という。

斎王の住むところを斎宮というので、斎宮の主人という意味から、斎王のことを斎宮というのがふつうになった。

斎宮の訓は「イツキノミヤ」である。

イツキとは「稜威――イツ」から派生した言葉で、カミや天皇の神聖と権威をけがさぬように精進潔斎《しょうじんけっさい》して奉仕することを意味する。精進潔斎する場所や、奉仕するひとのこともイツキと呼ぶようになった。

斎宮のことを、古くは「御杖代《みつえしろ》」といっていたようだ。天皇がカミの杖となって奉仕する、その代理といった意味に理解すればいいのだろう。

カミに奉仕する役目を負っていれば誰でも斎宮といっていいわけだが、じっさいには伊勢のアマテラスオオミカミに奉仕する皇女だけを斎宮と呼ぶことになっていた。

京都の賀茂《かも》社にもカミに奉仕する皇女がいたが、これは斎院と書くことになっていた。伊勢は全国区のカミ、賀茂は京都地方区のカミと区別したのかもしれない。

斎王の御所を斎宮とか斎宮御所と呼んでいたが、混乱するおそれがあるので、斎王を斎宮、斎王の御所を斎宮御所と区別して呼ぶことにする。

斎宮御所は伊勢国多気郡にあった。

近鉄山田線の「明星」駅のひとつ手前（大阪寄り）が「斎宮《さいくう》」駅で、少し南に斎宮御所の跡地がある。いまはさかんに発掘調査が進められていて、近代的な設備がととのった

「斎宮《さいくう》歴史博物館」も建っている。

ここから伊勢神宮の外宮までは直線距離およそ一〇キロメートル。東西二キロ、南北七〇〇メートルにおよぶ広大な区域に斎宮御所が展開していたと推定される。一周が五四〇〇メートルだから、カール・ルイスが走っても一〇分近くかかる。

ご自分の目でじっくりとご覧になるのをおすすめする次第なのだが、予備知識に、斎宮御所の跡地や博物館を見ることに、どういう意味があるのか、その点から考えておくのも悪くはない。

初代斎宮は崇神《すじん》天皇の皇女だった

伊勢といえば伊勢神宮で、ふつうの参詣者は外宮なり内宮なり、ともかくも直行してしまう。

それで何がわかるかというと、伊勢神宮のことがわかる。しかし、伊勢神宮のことしかわからないのである。

伊勢神宮に参拝して伊勢神宮のことがわかる、それで充分ではないかというひともいらっしゃるだろうが、なんというか、もったいないのである。

伊勢神宮は皇室のカミを祀《まつ》っている。だから朝廷は、おびただしいエネルギーを伊勢神宮に投入して崇敬していた。膨大な数のヒトとモノ、巨額のカネである。

だが、神宮におびただしいエネルギーを投入するだけではまだ崇敬が足りない、とでもいうように、朝廷は神宮に近いこの地に斎宮御所を建てた。

斎宮のことを考え、斎宮御所の跡地に立ってみると、皇室のカミを尊敬するために朝廷がどれほどのエネルギーを投入していたか、それがわかってくる。

斎宮と斎宮御所こそ、朝廷が伊勢神宮を崇敬する政策の最前線の役職であり、機関であった。

アマテラスが大和朝廷の大殿《おおとの》に祀られていたあいだは、斎宮は存在しなかった。アマテラスと天皇がおなじ建物にいたわけではないだろうが、アマテラスに奉仕する義務のある唯一の人間は天皇で、その天皇が昼も夜も直接かしずいていたのだから、斎宮の必要はなかったのである。

大和朝廷の大殿には、アマテラスのほかに、大和の地方神であるヤマトノオオクニタマというカミが祀られていた。

ふたつのカミのあいだに、いろいろとトラブルが起こるようになったのは、たぶんアマ

広大な地に悠然と建つ斎宮《さいくう》歴史博物館

テラスが「ヤマトノオオクニタマといっしょにいると、わたしが大和だけのカミであるかのように誤解されるおそれがある」という意見を主張したからだろう。

それこそアマテラスが、大和という一地方ではなくて、日本全体を支配するカミへと成長しはじめた証拠なのだ。

ときの天皇は崇神《すじん》天皇であったが、カミとカミとの争いに悩んだ結果、皇女の豊鍬入《とよすきいり》姫命《ひめのみこと》に命じて、アマテラスを大和のうちの笠縫邑《かさぬいのむら》にうつした。

だが、アマテラスは満足しない。

「皇女ひとりに奉仕させているのがお気に入らないのか？」

崇神天皇は豊鍬入姫命に加えて、大和の豪族の長尾《ながお》氏を神主にして奉仕の姿勢を強いものにした。

それでもアマテラスは満足の様子をみせない。結局のところ崇神天皇はアマテラスを満足させることができないまま亡くなって、垂仁《すいにん》天皇の世になった。

垂仁天皇の二十五年、天皇はアマテラスに対する奉仕の方法について、新しい発想をもった。

「カミのいらっしゃるべき土地を人間が選ぶ、これがいけないのではないか？　カミご自身の選定におまかせしたら、いいのではなかろうか？」

天皇は皇女の倭姫命《やまとひめのみこと》に命じた。

「アマテラスをお祀りするにふさわしい土地をさがしなさい」

倭姫命が土地を決定するわけではない。

しかるべき土地をもとめて倭姫が苦しい旅をつづけているうちに、アマテラスが「そこだ！」と合図してくれるはずだ――垂仁天皇にはこの予感があったのだと思われる。

倭姫命が伊勢に来たときにアマテラスの合図があった。

それ以来、アマテラスに奉仕するのは皇女にかぎる、という原則が確立した。

初代の斎宮は豊鍬入姫命で二代目が倭姫命とつづき、七十四代の祥子内親王が最後になった。祥子内親王は後醍醐《ごだいご》天皇の皇女で、斎宮と決まったものの、戦乱のために伊勢には赴任できなかったといわれる。

厳しい修行を要する〝斎宮〟の条件

くどくなるけれども、確認しておこう。

伊勢神宮は皇室のカミのアマテラスを祀る社で、神領を配されており、そこから上がる年貢で運営されることになっていた。かたちとしては独立している。

斎宮御所は朝廷の中央行政機関である。だから財政は国家予算に組みこまれ、人事も国家人事の一環として決定されていた。

中央行政機関ではあるが地方に所在していた役所としては、斎宮御所とならんで九州の大宰府《だざいふ》が巨大な規模をほこっていた。斎宮御所は規模の点では大宰府にはおよばないものの、ほぼ匹敵する。

斎宮御所は、斎王の住まいの御所と斎宮寮のふたつでなりたつ。斎宮寮には五百人ほどの役人がつとめていた。

斎宮の仕事といえば、ただひとつ、つねに身をきよめて神宮に奉仕することである。それだけのことに五百人もの役人が任命されていたこと自体が驚嘆にあたいするけれど、逆をいえば、それこそが祭政一致の現実の姿であった。

わずかのミスでもカミの怒りをさそってしまうという考えが前提にあるから、斎宮に関する儀式は厳格、詳細をきわめる。

まず斎宮（斎王）の選定だが、これは天皇の代理という身分だから、新しい天皇の即位と同時に新しい斎宮の選定——卜定《ぼくじょう》——がはじまる。

今も発掘が進む斎宮跡地

未婚の皇女のなかから選ばれた斎宮は、複雑な段階を踏んでから朝廷の外に出て、「斎宮野宮《ののみや》」にうつる。

野宮は新斎宮のトレーニング・センターとでもいえばいいだろうか、平安時代には京都の嵯峨《さが》に設置されるのがふつうで、いまでも京都には「野々宮社」や「野々宮神社」があって、そのむかしの斎宮野宮の跡だといわれている。

野宮にはいった斎宮は、まるまる一年にわたって、きびしい潔斎の生活を送る。人間の世界からカミの世界に近づく心身のトレーニングだ。

野宮での潔斎生活は一年とさだめられているので、斎宮に決まってからいよいよ伊勢の斎宮御所へ旅立つのは、足かけ三年目になるのがふつうである。野宮へうつる前と、野宮を出てからいったん朝廷にもどっていよいよ伊勢に旅立つまでにも、複雑な手続きがあるからだ。

——三年もかかるとなると、たとえば、そのお……？

——その疑問は、わかります。伊勢に出発しないうちに天皇が亡くなったり、譲位したら、どうなるのかということでしょう。

冷泉《れいぜい》天皇のとき、輔子《すけこ》内親王が斎宮に決まった。冷泉天皇の即位が康保《こうほう》四年（九六七）

十月で、輔子内親王の斎宮卜定は翌安和《あんな》元年（九六八）七月である。

ところが、そのつぎの年の安和二年八月に冷泉天皇は譲位して円融《えんゆう》天皇の代になったので、輔子内親王は伊勢におもむくことなく、斎宮の地位から解放されることになった。

伊勢に赴任しなかった斎宮は「不遂群行《ふついぐんこう》の斎宮」と記録される。

遷都にも等しい斎宮の伊勢赴任

斎宮が伊勢に赴任する旅を「群行」といい、朝廷の大事業のひとつとされていた。

それはそうだろう。

本来なら天皇自身がアマテラスに奉仕しなければならないはずで、いろいろの事情でそれができないから、かわりに斎宮をたてるのだ。とすれば、斎宮の伊勢赴任は遷都にもひとしい重大な意味をもっていたわけになる。

伊勢の斎宮御所での暮らしは、閉ざされた日々であった。

神宮の定例の祭日に奉仕するほかは、ほとんど閉じこもっていて、ひたすらに精進潔斎するのみである。

天皇の崩御《ほうぎょ》か譲位、父母の重病といったことがなければ都へもどることはありえなかった。豊鍬入姫命の在任八十八年は別にしても、用明《ようめい》天皇の皇女の酢香手《すかて》姫は三十七年、宇多《うだ》天皇の皇女の柔子《やすこ》内親王は三十四年という長い時間を伊勢で送った。

そのほとんどの時間が斎宮御所のなかで送られるとすれば、たとえ公務ではあっても定例祭日の奉仕のための外出は待ちこがれたものであったにちがいない。

斎宮が大淀の海岸で禊《みそぎ》をするのは、八月晦日《みそか》と決まっていた。海のすぐ近くにいるのに、この日にしか海を見られない。

斎宮自身、いくぶんは解放される気分になるのを、だれが責められようか。

「明日は大淀の浜にゆくのですね！」

斎宮御所の暮らしには、こういう希望の日があり、それが『伊勢物語』の、大淀の松の下での、さまざまの恋の物語につながっているようだ。

ジャック・プレヴェール幼稚園

詩人、文学者の名の幼稚園がフランスにある。

日本で好まれているシャンソンのひとつ、「枯葉」の歌詞はジャック・プレヴェールの作品だ。作曲はジョセフ・コスマ。

ジャック・プレヴェールは映画の脚本家としても有名であり、昭和二十七年（一九五二）に日本で公開された「天井桟敷の人々」の脚本を書いた。監督はマルセル・カルネ、音楽は「枯葉」とおなじジョセフ・コスマの担当。

この映画は往年の外国映画の名作を回顧する催しがあると、かならずといっていいくらいランキング上位に名前が出る評判の高い作品である。

ジャック・プレヴェールは一九七七年（昭和五十二）に亡くなるが、その前年、パリ郊外のヴィエナ市にある幼稚園が彼の名を付けた。ジャック・プレヴェール幼稚園の誕生である。彼はお礼として「知力」と「命の沈黙」という二篇の詩を書いて幼稚園に贈ったそうだ（柏倉康夫『思い出しておくれ、幸せだった日々を　評伝ジャック・プレヴェール』）。

有名な詩人の名をみずから冠したジャック・プレヴェール幼稚園は素晴らしい試みに挑戦した。三歳から四歳の園児を対象にして「哲学者のアトリエ」なる名称のクラスを開設し、二年間にわたって哲学の授業をおこなったのだ。

はじめは困惑していた園児たちだが、すこしずつ哲学に馴染み、「自由ってなんだろう?」のテーマにたいする討議で「家具の上の埃《ほこり》を掃除するときは自由ではない」といった解釈をしめすようになる。

ジャック・プレヴェール幼稚園の大胆な試みは映画関係者の注目をあつめ、映画撮影のカメラとマイクロフォンが教室にもちこまれた。

園児たちははじめ、カメラやマイクの存在を意識せずにはいられなかったが、いつのまにかカメラを気にしないようになり、撮影は完了、日本では平成二十三年に「ちいさな哲学者たち」のタイトルで公開された。

なんの準備もなしに、いきなり「哲学をやる」というのであったなら成果は乏しかったにちがいない。

ジャック・プレヴェールという有名な詩人の存在についての知識、好奇心があったからこそ、哲学の授業に馴染むことができた。

「なりひら保育所」でも事情はおなじであるはずだ。むかし、在原業平はすぐそこの斎宮にやってきて、天皇の娘である恋人と和歌の贈答をした。この知識があるから、やがて和歌の授業をうける日がきても戸惑うことはなく、スムーズに和歌の世界に親しめるはずだ。

6　なぜ〝お伊勢参り〟が全国に流行したのか

——参詣を勧誘し、各地に〝日常雑貨〟を運んだ「御師《おし》」

日本各地で愛用された〝伊勢暦《いせごよみ》〟

「君が代や　寺へも配る　伊勢暦」

小林一茶《こばやしいっさ》の句である。むずかしい意味はない。

伊勢神宮でつくる伊勢暦が各地のお寺に配られ、お寺のほうでも「これは便利だ」と重宝している様子がうかがえる。

神社でつくった暦を仏教寺院に配るのは筋ちがいである、それをもらってありがたがっているお寺もだらしがないではないか――なんてややこしいことは言わない。

神社だ、お寺だと筋目にこだわらない世のなか、のんびりしていて、よろしい、まさに君が代は万歳なり、というわけだ。

句の意味はそれでいいのだが、そこを一歩つっこんでゆくと伊勢参詣の大衆化という歴史の大問題になってくる。

伊勢参詣の大衆化とは、本来ならアマテラスオオミカミとは無関係だった一般庶民――つまり、あなたやわたくしの先祖さま――がアマテラスを「大神宮さま」として伏し拝《おが》むのが義務みたいになったことである。この問題をおろそかにしては先祖さまに申しわけが立たない、という大変なことになるのだ。

内宮へ向かう参道に名物“赤福”本店がある

伊勢暦という名前はいまはなくなり、神宮暦にかわった。農事暦や人生の占《うらな》いなどと組み合わせ、さまざまに工夫をこらした暦が出まわっているが、基本は神宮暦である。

わたくしの家にも一冊や二冊はある。カネを出して買ったものではなくて、新聞の販売店が年の暮れに配ったものだ。購読勧誘の景品に配られている場合もあるだろう。

わざわざカネを出して買うほどのものではないが、といって、二年も三年も前の古い暦がころがっているのは縁起がわるい感じになる。

暦はもらうものではない、自分でカネを出して買うところに価値があるんだという意見もあるだろう。

必需品ではないものの、年の暮れに新しいインクの匂いのする暦のページをめくらないと正月がこない気分になる、それが暦というものの存在感だ。

ふだんは占いなんか信じない人でも、年の暮れにもらった暦をぱらぱらとめくって、「フーン。来年のおれは東北の方角を警戒する必要があるんだそうだ」

なんとなく、しんみり、の想いにふけったりする。

天体の運行を支配する〝帝王の暦〟とは

暦は帝王の担当事項とされてきた。

天体の運行に対して、人間の都合で区分や名称をつけたものが暦である。

そんなものがなぜ帝王や政治権力なんかに関係があるのか——もっともな疑問ではあるが、帝王の臣下の勤務状態を評価する必要との関係からきているのではなかろうか。

帝王の臣下はサラリーマンの先祖である。昇進やボーナス査定の材料として出勤の記録が必要だった。「先月は十日しか出勤していないじゃないか、来月もこの調子なら減給だぞ」というときに暦が必要だ。

年貢の期限を決めるにも暦が必要だ。

そもそも年貢なんかは払いたくないものだから、民としては暦なんか、ないほうがいい。「年貢のおさめどきであるぞ！」というのは帝王のほうであって、そこに暦の必要が起こってくる。

ひとつの社会に複数の暦があると、やっかいなことになる。取引の決算は混乱するし、恋人とのデイトは成立しない。

暦は単一のものでなければならない——そこで単一の暦をつくる権利が帝王のものにな

ったのだろう。

一年とか一月とか、天体運行の長さを決めて暦に書くのも帝王である。天体自身にはどうだってかまわないことだが、年や月の長さを決めて名前をつけたりするのは背筋がゾーッとしてくるほどの悦楽にちがいないから、こんな悦楽を庶民の手にゆずっていいものか、という次第にもなる。

農業を基礎にして成立したらしい大和朝廷にとって時間とか暦の問題は、広い地域を移動する牧畜や貿易の民の帝王ほどには切実なものではなかった。

それでも暦のことを統括しないわけにはいかず、中国から「暦博士」をまねいて暦をつくったのが推古《すいこ》天皇十二年（六〇四）のことだ。

中国の暦をモデルにした暦を使っていても、天体の運行と暦とのあいだにズレが生じることや、ズレを修正する理屈を学ばないうちに中国との文化交流が絶えてしまったものだから、江戸時代の貞享《じょうきょう》元年（一六八四）には、日食や月食が暦の予告から二日も三日もズレるという事態になった。

これはいけないというので、天文学者の安井《やすい》（保井、渋川《しぶかわ》）春海《はるみ》たちの努力で日本の実態にあわせた暦ができた。

最初のものを「貞享暦」といい、霊元《れいげん》天皇の勅許《ちょっきょ》が下った。じっさいの制作事業は幕府がおこなったのだが、それに天皇の勅許を受けたところに「暦は帝王の担当事項」という歴史の常識がはたらいているのである。

この「貞享暦」が「宝暦暦」「寛政《かんせい》暦」「天保《てんぽう》暦」と補正されていって、明治六年に現行の太陽暦にかわった。

そこで伊勢暦であるが、貞享暦や宝暦暦とならんで伊勢暦という暦があったわけではない。貞享暦や宝暦暦を基本に、農事や占いといった「暮らしの智恵」をはめこんで伊勢神宮で編集印刷したもの、それを伊勢暦というのである。つまり伊勢暦の「伊勢」とは産地の名前なのである。「〇〇社版の百科事典」というのとおなじことだ。

伊勢参詣の大衆化を図《はか》った「御師《おし》」とは

最初に紹介した小林一茶の句では、伊勢暦を「だれが、どこの寺に」配ったのか、の二点が説明されていない。

ついでにいうと、「配った」のは有料か無料かという点についても説明がない。

一茶の時代には、伊勢暦の配付が有料か無料かなんていうことはだれでも知っていたから、書く必要はなかったのだが、そこでこの配付料のことから考えていく。

とはいっても、「配った」という表現から推察されるように、これはやさしい謎である、無料だった。

いまでも新聞の定期購読の謝礼や購読勧誘の景品に使われる暦は無料だが、それとこれとはつながりがあるような感じがする。暦は買うものじゃない、もらうものに決まっている、と。

さて、なぜ伊勢暦は無料で配付されたのか？

伊勢神宮には「御師」という人がいた。御師と書いて「オシ」あるいは「オンシ」と読み、『岩波古語辞典』ではこう説明されている。

「①祈禱《きとう》をする役の身分の低い神職、または社僧。②特に、伊勢皇大神宮の下級神職。太夫《たゆう》ともいい、祈禱の委託や参拝者の宿泊・案内を業とし、年末に御祓《おはらい》・暦などを地方の檀家に配って歩いた」

もともとは「御祈師《おいのりし》」の意味で、信仰生活に明け暮れた平安貴族が契約を結んだ特定の祈禱師をさしていた。特定の寺社に所属するよりは、広い意味での貴族の家族の一員といった立場であったようだ。御師の「御」の字は、御師をかかえる貴族への尊称であったようだ。

貴族の勢力がおとろえるにつれて、御師は貴族を離れて寺社、とくに神社に付属する身分になっていった。

貴族というパトロンから離れた御師たちが新しいパトロンとしたのは、一般庶民であった。

武士や農民が強くなったから貴族がおとろえたのであり、御師が貴族を離れて庶民を新しいパトロンにしたのは当然のことだった。

貴族は京都に集中して生きていたが、庶民は日本のいたるところに生きていて、しかも多数である。

御師は、新しいパトロンの生活の場所へ、つまり農村へ出かけていって、

「みなさま、どうか伊勢へお参りなさい。道中のお世話、伊勢の宿などはこのわたくしにおまかせいただければ安全このうえありませぬ」

「神宮のいちばん奥の神聖なところにはなかなかはいれないのですが、このわたくしにおまかせいただければ、そこはもう、なんとでも……」

「おひとりでは、なにかとおさびしゅうございましょう。いかがでしょうか、この村そろ

ってお出かけになっては……」

こうして農村のあちこちに「伊勢講」が出来上がる。わずかなカネを積み立てて、五年か十年に一回、講員そろって伊勢に出かけるのが伊勢講だ。

ひとりの御師はA村のB部落の講とC村のD部落の講のふたつをかかえていて、講員が伊勢にやってくると宮川の渡しに出迎え、自分の屋敷に宿泊させる。そのために御師の屋敷は広くつくってある。

つまり伊勢講とは何十年にもわたってメンバーが固定している伊勢参詣ツアーなのであり、伊勢参詣ツアーをひきうける御師は旅行業者でありコンダクターであり、旅館業を兼ねている。

神宮参詣の費用は一括して御師に払いこまれていて、御師は参詣の実費を払った残りを自分の収入にする。

参詣の実費としては「神楽《かぐら》」を演奏してもらうための費用が主なものだ。神楽とは神さまをおなぐさめする音楽と舞いのことで、伊勢にかぎったものではないわけだが、伊勢の場合にはとくに「大大《だいだい》神楽（太太神楽）」と呼んで格別の荘厳《そうごん》を強調した。

「お安くないのは仕方ありません。そんじょそこらにある神社とはちがって、なにしろア

参詣客に神楽《かぐら》を演奏する内宮・神楽殿

マテラスオオミカミさまに奉納する神楽ですからな」

神楽のほかには麻《ぬさ》（幣）がある。

なにがしかのカネを神に奉納して参詣のしるしとするのだが、現金を奉納するのは失礼にあたるということだろうか、幣を奉納する形式をとる。

幣を奉納したしるしに配られるのが「お札《ふだ》」であるが、伊勢神宮では「大麻《おおぬさ》」と呼び、やはりこれも格別の意味を強調することになっていたようだ。


「御師」なくしては参詣できなかった?


いまの伊勢参りは、車や電車であっさりと宮川を越え、気がつかないうちに神領の山田に入ってしまう。

そこで、なにかこう、少し贅沢な伊勢参りをやってみたいと思うひとには、昔どおりに船をやとって宮川を渡ることをおすすめする。

宮川には三つの渡しがあった。上流の「川端――柳の渡し」「小俣――桜の渡し」は遠くから来た参詣者のための渡しで、いちばん下流の「磯の渡し」は地元の人の通用の渡しだった。

古くは渡し船の代金を徴収していたが、江戸時代になるとまず御師の共同の負担とし、さらに伊勢の町、つまり山田と宇治の自治組織で負担するようになった。それだけ参詣者が増加したわけである。

十返舎一九《じっぺんしゃいっく》『東海道中膝栗毛《ひざくりげ》』の主人公ヤジロベーとキタハチは、この宮川の渡しで例によって滑稽《こっけい》を演じている。

まず山田の町の様子だが、両側の家ごとに御師の名を板に書きつけ、「用達所」と記した看板の林立するさまは竹藪や草原みたいであるという。いささかの誇張はあるにしても、事実からさほど遠く離れるものではなかろう。

ぶらぶらと山田の町にはいってゆくヤジとキタに、御師の手代《てだい》が近づいて、たずねる。

「どちらへ、おこしで……?」

「しれたことよ、大神宮さまへお参りさ」

「いや、大夫《たゆう》は誰でございますか?」

大夫とは、一般に御師のことをいう。

「大夫は義太夫《ぎだゆう》さ」

「ハテナ、義太夫というのは聞いたことがないが……」

御師の手代はふたりをさんざんにからかって行ってしまう。

ヤジとキタは、なぜ嘲笑されたのか？

場違いだったからだ。

なぜ場違いなのかというと、このころの伊勢参りといえばしかるべき御師にすべてをまかせたツアー参詣団がふつうで、ひとりふたりの個人参詣者なんていうのは、はっきりいって、ありがたくないのだ。

お客さまだと思えば粗末にはできないものの、応接の効率がわるいから邪魔者あつかいだ。

ここに現代日本人の旅行の基本が表われているのは、いうまでもなかろう。そして旅行業者にとっては、こんな効率のいいお客もない。十人でも百人でも、十把《じっぱ》ひとからげに扱ってても怒られるおそれがない。

権勢を誇った神宮家・度会《わたらい》と荒木田《あらきだ》

外宮と内宮からだいたいおなじ距離にある「神宮徴古館《ちょうこかん》」のあたりは学術の香りのするところだ。

かつての権勢をしのばせる御師《おし》の屋敷門

徴古館の近くの「神宮文庫」、内部はともかくとして、ここでは門を見ていただきたい。もとは山田の八日市場町にあった「福島みさき大夫」という御師の屋敷の門で、安永《あんえい》九年（一七八〇）の建築だというから、なかなか歴史の古いものである。

この門を見ていると、御師の力のすさまじさが実感できる。

御師の存在と活躍を抜きにしては江戸時代の伊勢神宮のことは語れない。

御師は「身分の低い神職」とか「伊勢神宮の下級神職」といった説明があったが、この「下級」を文字どおりに受け取ると御師というものの実態を誤解してしまう。

外宮のある山田、内宮のある宇治の住人はなんらかのかたちで神宮に関係していた。山田の度会《わたらい》氏と宇治の荒木田《あらきだ》氏は「神宮家」と呼ばれて格別に高い家格を認められていた。

なぜ家格が高いのかというと、神宮の最高の役職である「禰宜《ねぎ》」を世襲することになっていたからだ。外宮の禰宜は度会家のほかからは出ないし、内宮の禰宜は荒木田家のほかからは出ない。

神宮家の下位の家が、山田では「三方家」、宇治では「会合衆」と呼ばれるナンバー2グループだ。三方家は二十四戸、会合衆は五十戸あまりだったという。

三方家も会合衆も、それぞれ山田と宇治の町を自治的に運営する権利を認められていたが、神宮家はこの自治機関からも独立していて、幕府の機関の山田奉行の支配を受けるだけだった。神宮家の権威はそれほど高かったのである。

ナンバー3のグループが「平師職」の家柄である。なぜ平師職という名がついていたかというと、町の自治に参加する資格はなく、ただ御師の仕事をするだけだったからだ。

平師職の家は独立した市民ではなかった。神宮家や三方家、会合衆のうちの一軒の家来格になり、主人にあたる家の御師の仕事の下請けとして営業をしていた。

神宮家も、一面からみれば御師であった。伊勢神宮の禰宜を世襲してつとめる家も御師だったのである、「御師は下級の神職」という説明をそのまま受け取るのがどんなに間違いであるか、わかるというものだ。

徳川将軍の外宮の御師は春木《はるき》大夫、内宮の御師は山本《やまもと》大夫といい、たいへん高い地位を誇っていた。豊臣秀吉には上部貞永《うわべさだなが》という御師がついていた。

そういうわけで、高位の御師から平師職の家までふくめると最盛期には七百から八百軒の御師が活躍していたといわれる。

御師の地方代理人〝先達《せんだつ》〟と伊勢暦

御師の仕事は、ひとりでも多くの人をさそって神宮に参詣してもらうことだ。御師が現代でも活躍していれば電話やＦＡＸを駆使しているだろうが、当時はそうはいかないから、遠い農村にまで出かけていっての勧誘になる。

すでにできている伊勢講の組織にガタがこないようにかため、まだ講がない土地に踏みこんでいって伊勢講の結成を呼びかける。土地の有力者に依頼することもあるだろう。

特定の伊勢講は特定の御師のマーケットである、権利である。政治家の選挙区みたいに重要なものだが、それだからこそほかの御師が虎視眈々《こしたんたん》と狙《ねら》いをつけてもいる。なんども出かけていって地盤をかためておきたいのはやまやまだが、御師とは位《くらい》の高いものだから、そう何度も出かけられない。

そこで、広い地域に点在する講をまとめておいて自分の代理人を駐在させておくのがふつうだった。

代理人は「先達《せんだつ》」と呼ばれ、はじめのうち――室町時代ということになるが――は山伏・僧侶・神官などが任命されていたようだ。身分は自由だが権威は高くない、在野の宗教者というのが適当だろう。

御師から先達に、そして各地の伊勢講メンバーに配られるのが伊勢暦であった。伊勢暦を配ってもらうのは伊勢講の正式メンバーであることの証明だから、これはうれしいことなのである。

毎年の暮れに定期的に配られるから、「タダでもらうのは、どうも」という心理の抵抗を排除する効果がある。

心理の抵抗を感じさせずに、しかし次回の伊勢参詣を確実に約束させてしまう――伊勢暦の配付はなかなかの高等手段であったといえる。

ところが明治政府は、この御師の身分というか役職というか、それを乱暴にも廃止させてしまったのである。

なぜこんな荒っぽいことをやったのか――明治政府は天皇の政府であり、したがって伊勢神宮もまた政府の神社である、御師なんていう民間のケシカランものの自由にさせておくわけにはいかん、という次第であった。

政府は、御師の手を通さずに、神宮によって直接国民を引きつけようとしたのだ。

“神々の使い”が運んださまざまな日常品

御師が伊勢講のメンバーに配ったのは暦のほかに、帯・杉原紙《すいばらがみ》・櫛《くし》・布・海苔《のり》・茶・伊勢白粉《おしろい》・物差・扇《おうぎ》など、じつにさまざままであった。

――まるで、移動雑貨屋みたい！

――でも、それは商品というわけじゃないんだろう？

「さあ、買ったり買ったり！」とやるわけではないからこれは商品とはいえないし、したがって御師は移動雑貨屋ではない。

御師や先達に対しては定期的に「初穂料」が届けられる。伊勢講員であることの会費みたいな性質のカネである。

初穂料の金額に応じて土産物がちがってくる。土産物には定価がついていないから商品とはいえないわけだが、初穂料の金額に応じて土産物が選択されるところに目をつければ商品であるともいえる。

しかし、名目はあくまで土産だ。

すべての講員にくまなく大麻《たいま》（御祓）が配られ、初穂料に応じた土産物が添えられるのである。

「伊勢の土産でございます。お受け取りください」

——伊勢暦や伊勢白粉なら伊勢名物ということで納得できるけれど、帯とか櫛となるとなにも伊勢にかぎられたものではないんじゃないかな？

するどい疑問である。

暦や白粉は伊勢独特の産物だが、そのほかの物は大坂・名古屋・京都・江戸などで仕入れる場合が多かった。

——仕入れた物を土産物にするなんて……やっぱり御師は移動雑貨屋だよ、行商人だよ！

御師は移動雑貨屋である——これで納得できるというのであれば、わたくしも反対するものではありません。

伊勢神宮の神聖、神徳といったものを真面目に考える人のあいだでは、御師については批判がましい意見が強かった。

「何々大夫などと称する伊勢の御師たちが御祓・お供え・暦・鮑《あわび》などをもって地方をまわり、あちこちとつてをもとめた者を『何々旦那』などといって機嫌をとり、品物を配って歩いている。そもそも神は不浄をさけるものであり、しかも伊勢神宮は日本の宗廟《そうびょう》なのだ。神聖なるべき祓《はら》いや供え物を庶民が軽々しく拝受するものではない。浄と不浄の区別もつけずに、わがもの顔に御祓や供え物を配るのは神のご意志にそむくことではないか」

（『西山公随筆』）

身分ある者ならよろしいが、軽々しい身分の者に御祓や供え物をさずけてはならん――はげしい身分差別の意識に支えられている意見の主《ぬし》の西山公とは誰あろう、「この印籠が目にはいらぬか！」の水戸黄門《みとこうもん》である。

水戸黄門の御師非難には、御師の身分を廃止した明治政府の姿勢に通じるものがあったと思う。

高貴の人の「祈禱《きとう》の師」だから、それを尊敬して御師と呼ぶのはまだ許せるが、御師が自分で「御師」と言うのはおかしいではないか、という批判もあった。筋のとおる意見ではある（『百露草』）。

伊勢参詣は、天皇家のみのものだった？

御師は東奔西走、汗を流して神宮参詣者を勧誘しているのに水戸黄門さまのようなきびしい人に「ケシカラン！」などと批判されては、御師たるもの、たまったものではない。

そこで新しい謎――これほどの苦労をしてまでも参詣者を勧誘しなければならないのはなぜなのか？

そもそも伊勢神宮は、参詣者を勧誘する必要などまったくない神社だった。勧誘の必要がないどころか、参詣者をきびしく拒否していたのである。

――本当？　ウソみたい！

まったくウソみたいな話だが、事実なのである。

なぜなのか――この謎は簡単に解ける。伊勢神宮はそもそも朝廷の祖神のアマテラスとトヨウケを祀る神社なのだから、朝廷の主《あるじ》たる天皇だけが参詣すればよく、ほかの人は参詣の義務も権利もなかった。

延喜式《えんぎ》ではつぎのようにさだめてあった。

「王臣以下の者がかるがるしく伊勢に幣帛《へいはく》をおさめることは許されない。三后《さんこう》や皇太子が幣帛を奉納したいときには奏聞《そうもん》して、臨時の許可を受けたのちにせよ」（三后＝太皇太后・皇太后・皇后）

天皇の代理として皇太子が参詣することはありうるが、皇太子が皇太子の資格で伊勢に参詣したいと思ったら天皇の臨時の許可を受けなくてはならなかった。

天皇が奉納する幣帛は「正殿」や「宝殿」におさめられるが、三后や皇太子の幣帛はそのために特別につくられた「外幣殿《げへいでん》」におさめられる定めになっていたというのも、伊勢神宮の氏子——といっていいのかどうか、わからないが——は天皇ひとりしかいないことを示すためのものだったろう。

寄進と引き換えに与えられた〝栄誉〟

——皇太子は天皇家の一員だからともかくとして、参詣の義務も権利もない庶民が、いったい、なぜ、伊勢神宮に参詣したいと思うのかしら？

なかなかの大問題だけど、こういう次第ではなかったのか——格別重大な願いごとを実現してもらうには、ふつうの神社にふつうの祈りをささげても効《き》き目はない。神聖かつ厳格な掟《おきて》に穴をあけ、格別の神社に格別の祈りをささげるしかないのだ。

神聖かつ厳格な掟に穴をあけるのはカネとモノである。

カネやモノと神聖とは矛盾するではないかという疑問の出てくるところだが、神聖というのは神さまの世界ではなくて人間の世界のことだから、カネやモノとは大いに関係がある。

皇族の幣帛《へいはく》を納める内宮・外《げ》幣殿《へいでん》

カネやモノがものをいうのは、カネやモノに不足している相手に対してである。

平安時代のなかごろから、伊勢神宮はカネやモノの不足に悩むようになっていた。朝廷から与えられた神領からの年貢で財政をまかなえるはずだったのが、その神領がつぎつぎと貴族や武士に奪われて荘園になってしまい、年貢があがってこなくなった。

カネやモノを手に入れた武士は、そのつぎに何を欲するか？

栄誉である。

栄誉といってもいろいろあるが、

「おれもとうとう、伊勢神宮に参詣できることになったぞ！」

これだけでもたいした栄誉だが、伊勢参詣の資格を手に入れたことが武士の世界での序列を高めるという俗っぽい利益にもつながる。

源平合戦の「扇の的」で有名な那須与一宗高《なすのよいちむねたか》は、下野国《しもつけ》（栃木県）の那須領のうちの柴山と金丸を御厨《みくりや》として神宮に寄進した。寄進の理由は「これまでの神恩に感謝し、かつ子孫の繁栄を祈る」というものであった。

といって、これですぐに与一が大手を振って伊勢に参詣できるわけではない。「天皇以外の幣帛奉納は禁止」の掟は厳然たるものだから、一介の武士にすぎない与一の参詣はも

ちろん、御厨の寄進でさえ、

「柴山と金丸を寄進しますよ」

「感心なことじゃ、受け取りましょう」

こういう具合にはいかない。

どうしたのかというと、「口入《くにゅう》神主」という仲介役の神官があいだに立って那須与一宗高の意志を神にとりつぎ、意志が形に表われたものとしての御厨をおさめる、という形式をとるわけだ。

これで与一の名前は「御厨を寄進した感心な武士」ということで登録されたのだが、そうなっても、いつなんどきでも好きなときに参詣できるわけではなく、関係のできた口入神主の案内でなければ許されないのであった。

この口入神主が那須与一を担当する御師になるわけだ。

御師に与えられた関所の通行特権

那須与一担当の口入神主（御師）は伊勢にひかえていて与一の参詣を待っているのであり、下野の那須に出かけていく姿勢ではなかったのはまちがいない。

御師が各地に出張して参詣を勧誘するようになるのは室町時代になってからだといわれる。

出張とはつまり自分の足で歩き、ときには馬を使う旅行であるが、この時代の旅行とは言うに言われぬ難儀をともなうものであって、その難儀を御師たちは、いったいどうやって克服したのか？

道路の事情が悪いのはもちろん、盗賊も出没した。

しかし、それよりもはげしい難儀があったのだ——関所である。

室町時代とは関所の時代なり、といってしまいたいほど関所が乱立していた。

伊勢の桑名《くわな》から日永《ひなが》まで、これはいわゆる参宮道のひとつで距離は約四里（十六キロメートル）にすぎないが、このあいだになんと六十以上もの関所があって関銭（通行料）をとりあげていた。

伊勢一国では百二十ほどの関所があったという。日本は六十六カ国、単純計算しても八千に近い関所があったことになる。

ゴタゴタともめてやっと関所を通過したと思ったら、少しゆくとまた関所が立ちはだかっている、当時の人にしてみれば「冗談はやめてくれ！」と言いたい状況だった。

御師としては、伊勢で待っているだけではなく、積極的に地方に出張して勧誘すれば参詣者は増加し、それだけ自分の利益につながるとわかっていても、この関所乱立の様子は地方信者の開拓計画を思いとどまらせるものだったはずだ。

少しぐらいの利益があっても、関所ごとに関銭を払えば吹っ飛んでしまい、ゆけばゆくほど赤字がふえるだけ、こんなつまらんこともない。

だが、事実として御師たちは地方開拓に出かけてゆき、結果としてはおびただしい数の者が伊勢に押しかけてくる現象となった。

「地方を開拓する価値はある、赤字にはならない」

決断を下した最初の御師がいたはずだ。

いったい彼は、何を基準に決断を下したのであったか？

通行特権であった。

「伊勢神宮の御師である！」

そう名乗り、証明書を示せば、たいていの関所は無料で通過できたはずだ。

「伊勢の御師？　それがどうした。関銭を払わなければ通さんぞ」

強い姿勢の関所は皆無ではなかったろうが、ごく少数であったはずだ。

室町時代というと応仁《おうにん》の乱が連想され、従来の秩序はすべて否定、無視されてしまって伊勢神宮の権威などは一文の値打ちもなくなっていた——こんなふうに思うひとが少なくないだろうが、じっさいにはそうではなかった。

むしろ逆だったのだ、そう言うほうが適切だろう。

伊勢神宮という、古いといえばこれほど古いものもない権威が新鮮な色合いをつけて重んじられるようになってきた。

「伊勢の御師？　どんなひとなのか、ぜひ顔を見てみたいものだ」

こんな感じになってきた。

地方の開拓は可能、利益にもなると判断した最初の御師はこういう変化を見とおしていたといえる。

いったん通行特権を認めさせれば、勢いがついてくる。「伊勢の御師に通過できない関所はない」といわれる状況になるのに時間はかからなかったはずだ。

御師の特権が開いた商品の流通ルート

伊勢の御師がどんな関所でもやすやすと通過できる状況は、神宮とは直接関係のない分野にさまざまの変化を起こした。

例をあげよう。

これは『今昔物語』に出てくる話だから、室町・鎌倉よりさらに古い時代のことである。

伊勢が水銀の産地であったことにかかわる話である。

松阪と伊勢のあいだを流れるのが櫛田《くしだ》川で、やや上流に射和《いざわ》、そのまた上流に丹生《にう》がある。

丹生の神宮寺は一名を「丹生大師」とも呼ばれて多くの参詣者をひきつけたものだが、丹生の繁栄はこのあたりで採れる水銀の恵みでもあった。

丹生の水銀から白粉をつくって繁栄したのが、射和である。

伊勢の水銀については4章で述べたので、いまここでは、古代における水銀がコンピュータ時代の半導体チップに等しい貴重なものであったことを言っておいて、さっそく話にはいろう。

伊勢の水銀を京都に運ぶ商人があった。百頭ほどの馬に水銀の荷を積み、炊事をする女性たちまでいっしょに旅していたというから、これは商人というよりは隊商といったほうがふさわしい。

伊勢から京への道には鈴鹿《すずか》峠という天下の難所が立ちはだかっている。峠を越えるのが難儀であるだけではなくて、天然の要害をいいことに出没する盗賊の群れが旅人を悩ませる。

水銀の隊商が鈴鹿の峠にさしかかると、七十人ほどの武装集団が襲いかかってきた。大切な水銀の荷が奪われそうになったそのとき、どこからともなく蜂の大群が飛んできて盗賊たちに襲いかかった。

たいていの人間なら恐れない盗賊も、敵意をむきだしにした蜂が相手ではかなうものではない。「イタイ、アイタタッ」と悲鳴をのこして退散していった。

隊商の誰ひとりとして蜂に襲われることがなかった。なぜかといえば、この隊商のリーダーが慈悲深い人で、日頃から蜂を大切にしていた。その恩にむくいんがための、鈴鹿の蜂の総攻撃であった、めでたしめでたし、という話である。

伊勢から京への水銀の運搬は鎌倉・室町時代になってもつづけられるが、鈴鹿峠の盗賊が静かになってよかったと安堵の暇《いとま》もなく、関所という新しい難儀が出現した。

「関所で徴収されるカネは、盗賊に奪われるよりも高額じゃそうな」

「関所は盗賊よりも恐ろしい、ということじゃな」

「こまったことに……いや、まてよ。伊勢神宮の御師たちはどんな関所もやすやすと通過すると聞いたが」

「御師ならばこそ、じゃろう。しがない商人のわれらを伊勢の御師と同等にあつかってくれる道理もなし……」

「しかし、なあ。御師なら通れるのに、われら水銀商人は通れんとは……」

ここまでくれば、あとは簡単。

「神宮に関係があるという、証明書みたいなものが手にはいらんものかな？」

「といって、われらは神宮には関係がないではないか」

「関係があろうと、なかろうと、神宮に関係があるという証明書みたいなものさえ手にはいればかまわんのじゃ」

「水銀は、どうであろう。いや、水銀そのままではなくて、水銀からつくった白粉を安い値で御師さまに提供して、諸国への土産として使っていただく」

「なるほど、それなら神宮との関係がないとはいえんわけじゃ！」

以上のような経過が事実としてあったというわけではない。わたくしの想像の域を出るものではないのだが、伊勢白粉の名が御師の活躍と並行して諸国に知られるようになったのはたしかなことだ。

まさに「御師ルート」と呼ぶのがふさわしい、新しい商業ルートが開拓された。その御師ルートに乗って諸国に頒布《はんぷ》される最初の商品として開発されたのが伊勢白粉だったと考える次第なのである。

「奥様へは伊勢白粉、お子さまへは、よろこばせられるように、ぜぜ貝や笙《しょう》の笛をあげましょう」（狂言「素襖落」）

伊勢白粉といえば知らないひとがないほど有名になったからこそ狂言に採り入れられたわけだ。

7 なぜ慶応三年の「おかげまいり」は「ええじゃないか」の騒動になったのか

――異様ずくめの騒ぎと倒幕派のたくらみ

「おかげまいり」とは

伊勢参りには特定の時期はない。

農民の参詣が多い農閑期がにぎわったが、特定の季節に参詣者が集中することもなく、一年を通じてだいたいおなじ数の参詣者が四方から伊勢をめざした。

戦国時代のおわりごろから大規模な集団の伊勢参りが盛んになった。

個人の参詣には道中の危険がともなう。危険を避け、数人、数十人がチームを組む小規模集団の参詣はふるくからあったが、戦国時代末期の集団参詣は数百、数千の大規模なものであった。伊勢参りが変質したといってもいい。

大規模集団の参詣は伊勢参詣者の数の増大につながる。

伊勢にはゆきたいが道中の危険や費用調達の苦労を案じて二の足をふむひとも、大規模集団なら危険は少ない、費用は安いと知って参加する。

集団参詣が戦国時代末期から盛んになったのは織田信長、豊臣秀吉、そして徳川家康の天下統一にともなって伊勢の関所が廃止されたからだ。治安がよくなり、道中の危険が減ったのも伊勢参詣者の増大につながった。

それ以前からも大規模集団の参詣ははじまっていた。近江の大名の京極智秀が長禄三年

〝おかげ横丁〟はいつも参詣者でにぎわう

（一四五九）に参詣したときには五千人もの随従者があったとする記録がある。

　長享元年（一四八七）には宮川橋が落ちて数百人もの参詣者が溺死した。長雨のために橋が壊れやすい状態になっていたのだろうが、多数が一斉に橋をわたったのも原因にちがいない。

　新しいスタイルの伊勢参りがはじまった。

「伊勢神宮のお札が天から降った」

「神宮の神木が飛んできた」

　奇蹟の噂がながれ、それを合図に、土地ごとに伊勢神宮の神霊を讃《たた》え、感謝する歌と踊りがはじまる。

　重病人がたちまち快癒した、といったタイプの事件があっちこっちで発生し、それこそ〈伊勢神宮の神霊の恵み――おかげなのだ〉と解釈され、ほかの土地にひろがってゆく。

　おかげに感謝し、いついつまでもおかげの恵みを受けたいと願う気持ちが強くなり、村や町で集団をつくって伊勢にお参りする、これが「おかげまいり」だ。

「おかげまいり」はほぼ六十年おきにおこなわれた

江戸時代にはぜんぶで七回の「おかげまいり」があったと記録されている。
（1）慶安三年（一六五〇）
（2）宝永二年（一七〇五）
（3）享保三年（一七一八）
（4）享保八年（一七二三）
（5）明和八年（一七七一）
（6）文政十三年（一八三〇、天保元年）
（7）慶応三年（一八六七）

享保年間の二回の「おかげまいり」は規模もちいさく、全国各地から参詣があったともいえないから別扱いにし、また慶応三年の「おかげまいり」はむしろ「ええじゃないか」として扱うのがいいので、宝永・明和・文政の三回の「おかげまいり」がほぼ六十年の間隔でおこったといえる（藤谷俊雄『「おかげまいり」と「ええじゃないか」』岩波新書）。

ふつうの伊勢参りと「おかげまいり」、どこが、どう違うのか？

ある事件をきっかけに、とつぜん、膨大な数の参詣者が四方から、ほとんど同時に、伊勢神宮をめざして歩きだす、それが「おかげまいり」だ。

なんらかの神異、奇蹟が発生したとの噂が生まれ、たちまちのうちに近隣から近隣へひろまり、膨大な人数が日常の生活を放り出して伊勢へ、伊勢へと向かう。

神異、奇蹟の内容はだいたいおなじである。

「あるひとが遠い距離を短時間のうちに往復した」

「死者を埋葬した直後に当人が生きて姿をあらわした」

「神宮のお札が天から降ってきた」

「神宮に降った雹《ひょう》を大切にしていたら祓《はら》いの大麻《たいま》に変わっていた」

罪や穢れを神前で祓う祈禱を「祓い」といい、「祓い」が終わったしるしに神宮から授かるお札の麻が「祓い」「大麻」と呼ばれた。お札とおなじく、神宮の神霊と参詣者をつなぐ聖なる器具が「祓い」「大麻」だとかんがえればいい。

だれいうとなく、という表現があるが、まさに、だれいうとなく、突如として、膨大な人数が伊勢めざして歩きはじめる。

宝永の「おかげまいり」を記録した『伊勢太神宮続神異記』によると、閏四月九日から五月二十八日までの五十日間に京都から参詣した人数は三百三十万人から三百七十万人であった。

有名な国学者の本居宣長《もとおりのりなが》も『玉勝間《たまかつま》』に、京都からの参詣者は三百六十二万人と記録している。

宣長が自分で参詣人数を数えたわけではないが、「参詣の人数の記録によれば」といった意味の文章だから、客観的な資料にもとづいての記述として読める。

それとは別に京都所司代が調べた記録によると、四月二十一日から閏四月二十四日までの京都からの参詣者数は洛中が約五万人、洛外が約六万人、洛中洛外を除く山城国から約九千四百人であった。

京都における幕府機関として最高位の所司代の調査である、信頼度は高い。所司代の記録を掲載したのは本島知辰《もとじまちしん》が執筆、編纂《へんさん》した『月堂見聞集《げつどう》』だが、これもまた信頼は高い。

宝永の「おかげまいり」は京都からはじまり、西は安芸・阿波のあたりまで、東は江戸から伊勢に押し寄せた。その合計は多くみて三百七十万人、少なくみても三百三十万人という膨大な数にのぼった。

明和の「おかげまいり」は四月はじめに山城の宇治からはじまり、七月初旬までに東北以外のほぼ全国から約二百万人が伊勢神宮に参詣した。宝永二年から約六十年後であったので、「おかげまいりは六十年間隔」の漠然とした感情が発生した。

文政の「おかげまいり」は阿波からはじまり、参詣者の出身区域は明和よりは狭かったが、閏三月一日から八月末までに約五百万人にのぼったといわれる。大小あわせて七回の「おかげまいり」のうち、文政のものが最大規模となった。

参詣者はくちぐちに「おかげまいりは抜けまいり」と唄った

参詣者の身分や出自、性別、年齢はさまざまだが、ひとつだけ共通点があった。掛け声というか、囃《はや》し言葉というか、おなじ文句の歌を唄うのである。

おかげでさ
　抜けたとさ
するりとさ
　抜けたとさ

歌詞には種類があって、これが正しい、これは正しくないときまってはいない。エロっぽいというぐらいでは足りない、かなり強烈にセクシイ、猥褻《わいせつ》な言葉もあったが、「おかげで―抜けた―するりと―抜けた」の言葉は共通している。

「おかげまいり」の「おかげ」とは感謝の気持ちをあらわすキーワード、「抜けた」は通常ならば不可能な伊勢参りが「おかげ」によって実現した結果を悦ぶキーワードとしてうけとっておこう。

では、誰が、何を対象として、「おかげでさ」と感謝しているのか？

それまでの伊勢参詣者は裕福とはいえないにしても、生活に余裕があり、暮らしに困窮していないクラスに属していた。そうでなければ、伊勢参りはしたが、そのために、故郷にもどってからの暮らしの立て直しが困難だ。

「おかげまいり」では幼児や女性、少額の賃金で働かざるをえない奉公人、心身の傷害者の多いのが注目される。こういう境遇のひとびとが、通常の伊勢参りは不可能だが、「おかげまいり」なら可能だと、よろこびいさんで伊勢にむかう光景が想像できる。

摂津の弥一右衛門の娘は腰骨を痛め、歩行が困難だった。伊勢神宮に参って故障を治してもらおうと杖にすがって伊勢にゆき、外宮で祈った。

祈っているとき、ほかの参詣者が「天の岩戸が病気平癒に霊験あらたかだ」と話すのをきいた。

天の岩戸に参詣したいが、腰の故障がある自分では天の岩戸の難所を越えるのは不可能、せめて途中までもと、登りはじめた。

そこへ童子があらわれ、一緒に登ってあげましょうという。一緒に登るうち、腰の痛みはやわらぎ、岩戸まで登った。

「これから信心を強くすれば腰の痛みは本復まちがいなし、饗応所《きょうおう》で休んでお国にもどるがよろしい」

童子は彼女のがんばりを褒め、「路銀の足しに」と銀子をあたえ、姿を消した。

娘は摂津にもどり、まもなく腰骨の故障は治癒したので、あらためて伊勢にお礼参りした。『伊勢太神宮続神異記』にはこの種の多くのエピソードが記載されている。

京都三条の商人、丸屋九郎兵衛は下人が「おかげまいり」に出かけようとしているのを知って、下人を捕まえ、店の柱に縛りつけ、さんざんに叱った。

すると九郎兵衛は目が開いたまま閉じられなくなり、全身が硬直した。医師を呼んで治療したが効果はない。

しかし、九郎兵衛が神宮にお詫びすると、たちまち平癒した。

紀州の酒屋の奉公人の三四郎は主人の許可なしに抜けまいりに出かけたのが発覚し、酒蔵に閉じ込められた。

ちかくのひとが主人を説得したので三四郎は蔵から出られたが、神の怒りだろうか酒蔵が轟音《ごうおん》とともに崩れおちた。

だが、三四郎は傷ひとつ負わなかった。

明和から「抜けまいり」の性質が濃厚に

明和の「おかげまいり」は、伊勢の松坂に住んで集団参詣のありさまを間近に見聞した森壺仙《こせん》の『いせ参り御蔭《おかげ》之日記』や、国学者の本居大平《おおひら》の『おかけまうての日記』にくわしく紹介されている。

明和八年（一七七一）の三月ごろ、今年の伊勢参りでは女性や子供の参詣者が多いのが珍しがられた。

きいてみると、丹後の田辺の裕福な商人が伊勢に参詣するつもりで費用を積み立てていたが、急に大病にかかった。

「伊勢参りをしたいが費用の工面がつかないので諦めようと思っているひとがいるなら、申し出てくれ、費用をお貸ししますよ」

商人が触れたところ、多くの申しこみがあり、多数の子供づれの女性が伊勢をめざした。

はじめのうちは、これはいつもの伊勢参りだと思われたが、四月になって、山城国からの「抜けまいり」が格別に多いと判明した。男の参詣者は少なく、ほとんどが二十人前後の女性の集団である。

彼らは集団の目印になる旗を立てていた。伊勢参詣にふさわしい特別の衣装ではなく、着の身着のまま、雨具の用意さえなく、茶摘みの仕事を放り出して伊勢にやってきたのはあきらかだ。

ほんのわずかの路銀しか持っていないようだが、だからといって落魄《おちぶ》れた雰囲気でもなく、老人も子供も元気溌剌《はつらつ》、くちぐちに「おかげでさ、抜けたとさ」と囃したてながら歩いていた。

明和の「おかげまいり」は「抜けまいり」の様相が鮮明であった。

女性たちの多くは丹後や山城の茶畑で働いていたという。

農村に住んではいるが自作農ではなく、商品作物の茶を摘む賃労働者なのである。伊勢神宮に参詣したいと切望しているが、たとえ雇用主の許可を得たとしても、参詣を終わってもどってきたときには雇用してもらえない恐れがある。

だが、そこにちょっとした刺激があれば、はなしは別だ。田辺の裕福な商人がとつぜん大病にかかり、積み立てていた参詣費用を貧しい参詣希望者のために用立てますと触れたのが刺激になって、われもわれもと「抜けまいり」に参加した。

参詣して、もどったあとの稼ぎの不安が消えたわけではないが、おなじ境遇の多数の仲間がいっしょなら、参詣のあいだは不安も忘れられる。

平賀源内《ひらがげんない》と「おかげまいり」

科学者かとおもえば、『放屁論』や『風流志道軒伝《ふうりゅうしどうけんでん》』など辛辣《しんらつ》な評論で世をさわがせるエッセイスト、火浣布《かかんぷ》（不燃布）やエレキテルを発明し、エレキの花火をみせて評判をよび、ときには「山師」「詐欺師」呼ばわりされても傲然としていたのが讃岐生まれの平賀源内、享保十三年（一七二八）の生まれだから、「おかげまいり」を見聞したのは明和八年（一七七一）だ。

越後に行った源内は、ある村では全村をあげて一向宗（浄土真宗）の門徒であり、「おかげまいり」なんかには目もくれないのを知った。

源内は怒った。ひろい世間が「おかげまいり」「抜けまいり」と熱狂しているのを横目に、自分たちだけ、ひたすら阿彌陀仏の名を唱えている独善を黙視できなかった。源内は冷静よりは熱狂を好む人物である。

そこで源内、どうしたかというと、たくさんの、ちいさな神宮のお札に「三文お札」と書き、凧に糊で貼って山から揚げた。

風に吹かれて糊が乾き、凧から離れたお札が一向宗の村にはらはらと降った。

村人は「これは神業」とおどろき、餅をつき、伊勢神宮に神酒を供えて無礼を詫び、ついに村をあげての「おかげまいり」になったそうだ（藤谷俊雄『「おかげまいり」と「ええじゃないか」』）。

施行《せぎょう》さまざま

数百万の参詣者が伊勢に押し寄せる。

一年を通じての参詣者が数百万というのであればさほど驚く状況ではないが、「おかげまいり」は二カ月ほどのあいだに数百万が押し寄せるのだ、迎える伊勢は大変な毎日をすごさなければならない。

伊勢神宮や伊勢国の統治者、住民の総体の意見が一致して、「おかげまいりなんて、来てほしくない！」と拒絶するならば参詣者の波を止めるのも不可能ではないが、それでは伊勢が伊勢でなくなってしまう。

伊勢参詣で消費される金銭は莫大だ。商人はもちろん、商人に関係するさまざまな住民にとっても参詣者が落とす金銭は魅力があるわけで、あまりに人数が多すぎるといって拒絶するのは得策ではない。

伊勢だけではない、商業地の大坂や堺、そして京都の富裕商人は諸物価の高騰が「おかげまいり」「抜けまいり」の熱気を冷やすのは得策ではないとして、かなり高額の資金を投じた。

鴻池善右衛門《こうのいけぜんえもん》が投じた銭二千三百貫文を金に換算すると四百六十両、安治川の問屋仲間が現物提供した草鞋《わらじ》二十五万足の代金は百五十両にのぼった。

「おかげまいり」にかぎったことではないが、当時の旅に稲藁《いなわら》で編んだ草鞋はなくてはならぬものだ。

草鞋は柔らかくて軽いから旅の履物としては好ましいが、水に濡れると乾くまでに時間がかかり、崩れやすい欠点がある。

そこで、「おかげまいり」がはじまると参詣の道々では草鞋不足が話題にのぼり、あっというまに草鞋の小売値段が高騰した。大金を投じて草鞋の先買いをやり、価格高騰を待って売りに出して大儲けをした商人がいなかったわけではなかろう。

道頓堀の茶屋仲間は高提灯千本を、北浜十二の浜仲間は一日に三百人の人足を参詣の道筋に送りこんでからだの弱い参詣人を助け、安全を図った。

富豪が投じた資金はどのように消費されたか、すべての事情をあきらかにするのはむずかしいが、およそのところは推測できる。

大坂の宿から伊勢にむかう朝、富豪の家々の前に積んである銭を百銭とか二百銭とか、そのひとの懐具合に応じて施してもらう。

京都ゆきの船便が出る八軒家では無料で乗船でき、伏見へ着くと船宿や旅籠《はたご》の者が待っているが、彼らは裕福ではないから施すべきカネを持たない。

そこでなにをしたかというと、「風呂が沸いています、どうか風呂を使ってくだされ」と、むりやりに無料で入浴させる。

東海道筋では、道すがら銭を施し、食べ物をふるまう施設が絶えないから空腹や疲労を感じるひまがない。昼も夜もにぎわい、夜のあいだ歩きつづけ、疲れたらそこで寝ればいい（津村正恭『譚海』）。

善意の施行がすべてではなかった

諸国から伊勢神宮へ通じる道には「おかげまいり」「抜けまいり」にたいする自発の善意があふれていたが、すべてがそうとはいえなかった。

堺では町々が申合せ、施行《せぎょう》を割り当てたことがある。町民自発の施行ではじゅうぶんではないし、町のあいだに多少の差が生じるのは町の自治のためには却ってよくないといった判断があったのだろう。「おかげまいり」の巨大な数の圧力が町の自治と治安を乱すのではないかと、恐れる空気が生じたかもしれない。

東海地方からの参宮メインルートは松坂だが、ここでは奉行所が町民による施行を禁止したことがあった。

ふところに一文のカネがなくとも、松坂まで辿りつけば町民の施行に恵まれる——こういう噂がひろまれば、神宮に参詣する意志も計画もなく、ただただ施行の恵みで一日でも生きるのを目的に多数の貧民がおしよせてくるだろう、それは困るというわけだ。

幻想の産物——文政の「おかげまいり」

享保年間の二度の「おかげまいり」は参詣者の出身地もかぎられ、小規模でもあったから別扱いするとして、宝永・明和・文政の三度の「おかげまいり」はほぼ六十年の間隔でおこった。

明和の「おかげまいり」を経験したひとは少なくはない。辛卯《かのとう》の年の明和八年（一七七一）に「おかげまいり」に行ったひとが、あれから六十年後の辛卯の年がちかづいたのに気づくと、どうなるか？

「また来るのかな、あのおおさわぎが！」

明和の事件を楽しい経験として記憶するひと、ひどい目にあって、二度とゆくものかと怒りを新たにするひと、さまざまだ。

古老のはなしを聞いて知っているだけだが、ずいぶん楽しかったらしいね、というひともいるし、くわしくは知らんが参加したひとのほとんどが大変な苦労をしたらしいよ、とか、これまた感慨はさまざま。

ともかく、辛卯の年がちかづいて、だれともなくソワソワした雰囲気になったかと思うまもなく、まだ辛卯の前年の庚寅《かのえとら》の年なのに、「さあ、おかげまいりの年がきたぞ！」と興奮の声をあげたひとがいる――らしい。

どこの、だれともわからない、人数もわからないが、この言葉を待ちかねていたひとがよほど多かったようで、あっというまに文政の「おかげまいり」がはじまってしまった。

辛卯より一年早い庚寅の年に「おかげまいり」が起きる、予兆のようなものはあった。

ふるくから庚寅の年は諸国が豊作だといわれてきた。〈庚寅の年＝おかげまいり＝豊作〉の伝聞記憶があるから、その前年、己丑《つちのとうし》の年になったときに〈来年は庚寅、さあ豊作だぞ〉と悦んでいるうちはよかったが、ついに待ちきれなくなり、〈さあ、おかげまいりがはじまるぞ！〉の花火があがった、これが真相らしい。

六十の数字自体には「おかげまいり」との関係を意味するものはないが、六十年を還暦といい、事物すべてが新しい世紀をむかえる格別にめでたい節目と思われている。それが伊勢神宮の「おかげ」とむすびついたのではなかろうか。

文政十三年の春ごろ、四国の徳島で数カ所に「祓い」が降ってきたのを合図に十歳より前の子供たちが申し合わせて「抜けまいり」をはじめた。

親が止めても従わない、やむをえず親が子の跡を追い、途中から親子づれの伊勢参りとなるケースが多かったようだ。「阿波国におかげまいりの嵐が吹いた」と書いた記録もある。

「文政おかげまいり」の特徴

文政の阿波の「おかげまいり」には、これまでにはみられなかったいくつかの特徴があった。

出身の国や地の名を書いた笠を頭にかぶって、「おかげまいり大神宮」と書いた幟《のぼり》を立て、銘々が柄杓《ひしやく》を手にしていた。

柄杓は神仏に賽銭をさしあげる器として使われることが多く、人間の手に触れずに金銭を供えられる神聖な道具とみられていた。「おかげまいり」では道中で施行をうける道具としても使われたのではなかろうか。

「おかげまいり」のお供をした柄杓は参詣がすめば用事はない。そこでどうなったかというと、外宮の北門の前に捨てられるしきたりのようなものができた。

笠をかぶった参詣者が外宮北門の前に柄杓を放り投げている図がある（『御蔭参宮文政神

異記』)。

山のように積みあげられた柄杓、それはそのまま「文政おかげまいり」のすさまじいエネルギーの発露だ。

「ええじゃないか」に変貌した慶応三年の「おかげまいり」

文政十三年の「おかげまいり」は「おかげまいりは辛卯年、六十年間隔」の概念を決定的なものにした。この点で歴史のうえでの大きな意味がある。

文政十三年は辛卯年ではなく、一年早い庚寅年である。文政十三年の「おかげまいり」は起こるはずのない年に、まちがって起こってしまったのだが、それが却って「辛卯年、六十年間隔」の概念をいっそう強くした。

つぎの辛卯年は慶応三年である。

世間のことに深い関心をもつひとは、慶応三年がちかづくにつれ、「辛卯年が近い。おかげまいりはほんとうに起こるんだろうか?」と興味津々となった。

八月のなかごろ、尾張・三河・遠江、つまり東海道の一帯に伊勢神宮の内宮外宮、諸国の神社のお祓いが天から降ってきたとの噂が起こり、ひろがった。

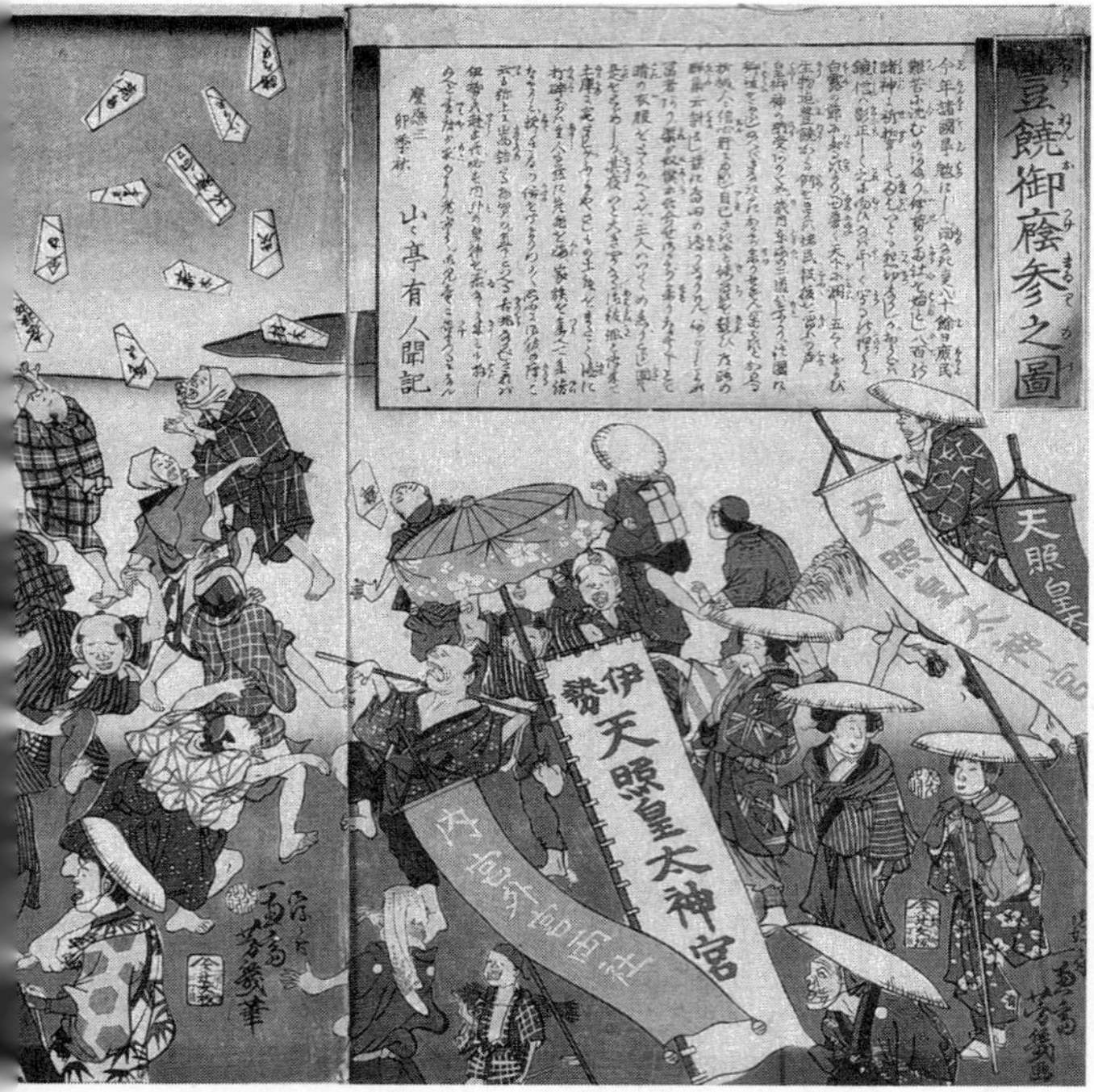

豊饒御蔭参之圖
慶應三卯季秋
山々亭有人聞記
伊勢天照皇太神宮
天照皇太神宮

「ええじゃないか」を描いた『豊饒御陰参之図』(三重県立博物館所蔵)

伊勢にお祓いが降ったのは十月、京都では八月に外宮の神札が降ったのが最初だ。紙のお札だけではなく、金の大黒さま、永楽通宝《えいらくつうほう》や小判まで降った。

お札が降った土地のひとびとは、くちぐちに「ええじゃないか、ええじゃないか」と囃《はや》し、踊る。

江戸にも降ったが、この時期の江戸の世相を詳細に記録した斎藤月岑《げつしん》の『武江年表』はお札の降下について、「古い守札《まもりふだ》などをひそかに降らして世を惑わしたやからもいたが、まもなく止んだ」と、特定の人間がひそかに計画してやったと論評している。

明和の「おかげまいり」で平賀源内が越後でやったように、凧にお札をつけて山から飛ばす方法は簡単なうえに効果はある。慶応三年でもこの方法は使われたにちがいない。

鳥や獣の肉片にお札を貼りつけて木の枝にかけておき、肉片が乾燥するとお札は離れてひらりはらりと降ってくるように仕掛ける方法もある。

お札を貼った鳥や獣の肉切れを屋根のうえに置けば、鳥が肉切れを食べてお札は捨てられ、はらはらと落ちてくる。

「卯年におかげまいりが起きるというのはほんとうだったのだ！」

ちいさな村の、ちいさな興奮はたちまち大きな興奮の渦となってひとびとを巻きこむ。

「ええじゃないか」のお囃しにつられて踊る

宝永・明和・文政と慶応三年、「おかげまいり」の内容には大きな相違があった。

政治の中心が江戸をはなれて京都に移り、朝廷派と幕府派が政局の主導権をめぐって激しい争いを展開してきたが、ここへきて幕府派の劣勢は覆いかくせなくなった。

いつの世にも不安はある。宝永・明和・文政の「おかげまいり」が世の不安と無関係でなかったのはいうまでもないが、あくまでも漠然とした不安であった。

慶応では、不安の中身がちがう。漠然たる不安ではなく、〈政治の不安、徳川幕府をめぐる不安〉であるのが歴然としていた。

そうだとすると、不安の源泉の江戸、または江戸に近いところにお札が降ると予想された。

尾張・三河・遠江が発生地だとする記録が多いが、そうではない、横浜なのだと指摘する研究がある。幕府の所在地の江戸に近く、東海道のスタート地点、そしてもっとも早く外国人居留地に指定されたのが横浜だ。

「お札が降ったのはどこがはじめかというと、慶応三年八月ごろに横浜へ降ったのがはじめである……（中略）……降った家は例外なしに金持であるが、その家からさっそく村触れを出して村中へお札が降ったことを通知する一方、手伝いを大勢頼んで祝いの用意をする。村民は五日も七日も仕事を休み、紅じゅばん等の異様な服装で『ええじゃないか』と、金持の家へ踊りこむ。金持は酒肴を進めて振舞うのであって、西の方へ行くほど異風も盛んになり、ふるまいも大ぶるまいになっていった。尾張辺から美濃方面と伊勢方面へと伝わっていった」（田村栄太郎『世直し』）

横浜からはじまって尾張、美濃へとひろまった、これが田村説だが、伊勢はどうだったのかというと、伊勢神宮への参詣者はほとんど伊勢人に限られ、伊勢以外の地からの参詣者は少なかった、というより、だれも伊勢へは参詣しなかったというのが正しいようだ。

宝永・明和・文政の「おかげまいり」の変種として慶応三年の「ええじゃないか」をみるよりは、「おかげまいり」を下地としながらも、意味も方向もぜんぜん違うヒステリイ社会が出現したとみるのがいい。

異様な服装、異様な囃し、そして異様な踊り——なにもかも異様ずくめであった。

江戸の横浜、石が降る
そりゃええじゃないか

ここらあたりは神が降る
　そりゃええじゃないか

よいじゃないか、えいじゃないか
くさいものには紙を張れ
やぶれたらまた張れ
　よいじゃないか　ええじゃないか

アーネスト・サトウがみた「ええじゃないか」

アーネスト・サトウは文久二年（一八六二）にイギリス領事館員として来日、オールコック公使、パークス公使に仕え、のちに公使に昇進した。慶応二年に対日外交問題を論じた「英国策論」を発表し、幕末の政局に大きな影響をあたえた。

自伝の『一外交官の見た明治維新』（坂田精一訳）のほかに膨大な量の日記をのこしており、慶応三年十二月十三日（陰暦十一月十八日）、大坂で「ええじゃないか」に遭遇した経験を日記に書きとめている。

「『いじゃないか、いじゃないか、いじゃないか』と歌い、踊りくるう群集の中を大いそぎで通り抜けようとする。家という家は色とりどりの餅、みかん、小さな袋、藁、花などで飾られている。着物はたいてい赤いちりめんだが、なかには青や紫のものもある。大勢のひとが、頭の上に赤い提灯をかざしながら踊っている。これは、最近伊勢の両神の名前をしるした御札が大量に降ったことを祝うものだそうである。通り抜けるのに一時間かかった」（萩原延壽『遠い崖―アーネスト・サトウ日記抄 6 大政奉還』）

サトウの同僚A・B・ミットフォードも大坂で「ええじゃないか」のデモンストレーションに遭遇、観察と論評を上司のパークス公使に提出した。

「この二週間、大坂の町で、ある前兆を祝うじつに奇妙な祭りがくりひろげられてきた。その前兆なるもの自体は、なんとも馬鹿々々しいものであるが、そこに政治的な意味がこめられていないとはいえない」

「なんでも人類の創始者である伊勢の両神が現在の政情に怒りを発し、古いすみかである江戸を捨てて、途中その名前をしるした御札を降らすという奇蹟を演じながら、東海道をすすみ、ついにこの大坂の町のあたりまできて、御札を降らすことをやめた。そこでこの奇瑞《きずい》を祝うというのである」

倒幕派公家の筆頭岩倉具視《いわくらともみ》はまず長州、つぎに薩摩藩に倒幕の密勅をつたえたが、将軍徳川慶喜《よしのぶ》は倒幕派の機先を制するかのように大政奉還を決意、上奏して勅許された。これが十月十五日である。

政局は暗礁にのりあげた。

将軍職を辞任した慶喜は京都二条城から大坂城へ移り、倒幕派にたいして武力を行使する姿勢をちらつかせる。

薩摩の西郷隆盛《さいごうたかもり》は鹿児島に指令を発して軍隊の上洛を命じた。長州軍も薩摩軍も京阪地区に姿をあらわし、戦闘は避けられない雰囲気が濃厚になった。

そういう状況のなかでの「ええじゃないか」だ、ミットフォードがいうとおり、そこに政治的な意味が「こめられていない」とはいえないのだ。

ミットフォードはつづける。

「いくつかの藩にそそのかされて、神官たちがこの奇蹟を演出したといわれている。その狙いは、大君の都にまつわる盛徳の一部を剝奪することによって、民衆の心の中にある大君の都の地位を落下させることである。江戸の存在理由に加えられた打撃は、とりもなおさず大君の権威にたいする挑戦である。大君の敵は、政治と宗教の中心地としての大君の都の意味を、根底から切りくずそうと断固決意しているかに見える」

これにつづくミットフォードの指摘と見解はまことに重要だ。

「多額の出費はそれぞれの町が負担して、祭りはつづけられた。ひとびとは興奮と酒にわれをわすれているが、秩序はきちんと保たれている。サトウ氏とわたしは、昼となく夜となく、外出するたびにそういう群集に出逢ったが、一度として不愉快な目に会ったことがない。もちろん、この祭りのひとびとの中にさむらいの姿は見かけない」(『遠い崖』傍点は高野)

政治の状況は不安の頂点に達していて、しかも首都の隣りの商都大坂である、異様ずくめの「ええじゃないか」の騒ぎが暴力と混乱をともなって当たり前なのに、秩序はきちんと維持されている。これは、すくなくとも大坂にかぎっては「ええじゃないか」が特定の権威によって引き起こされ、指導されているのを推測させる。

さらに、サトウとミットフォードが外国人であるのを考慮すれば、「ええじゃないか」の群集と出逢って一度も不愉快な経験をしなかったのは特筆に値する。

倒幕派は尊皇攘夷派の系譜につながる政治勢力だ。これがもしも文久三年（一八六三）以前であったなら、サトウとミットフォードのからだは尊攘派の外国人嫌悪の刃をうけて、切り刻まれていたはずだ。

それがそうならなかったところに尊攘派の成長があった。

文久三年八月の政変で惨敗した尊攘派は、敗北から大きな教訓を得た。外国人を嫌悪、排斥するだけでは政治勢力としてなんのプラスも得られないとの教訓である。

尊攘派はおもむろに方向転換をはかり、外国人と何らの関係ももたずに、みずからを政権奪取可能な政治勢力に仕立てる努力をして、尊攘から倒幕への方向転換に成功したのだ。

岩倉具視らの策謀

「ええじゃないか」が倒幕派の書いた筋書きに依ったものか、どうかは別にして、大政奉還から王政復古までの倒幕派の作戦は「ええじゃないか」がなかったならば成功は覚束なかったとの見解が出ている。

倒幕維新を成功させた第一の立役者は岩倉具視だ。その岩倉の伝記『岩倉公実記』には、「ええじゃないか」の騒動に紛れたからこそ倒幕派メンバーのあいだの往来が可能になり、倒幕密勅の引き出しに成功したのだと書かれている。

岩倉具視は文久二年（一八六二）、孝明天皇の妹の和宮《かずのみや》と将軍徳川家茂《いえもち》の結婚に尽力して褒賞されたが、尊攘派政権が誕生すると排斥され、洛中居住を禁止された。

洛北の岩倉村で隠棲するうちに王政復古のイメージを抱いたのが、松尾《まつお》神社の神官の息子で朝廷の非蔵人《ひくろうど》役をつとめる松尾但馬《たじま》や藤井《ふじい》九成《きゅうせい》など尊攘派志士に注目され、長州の品川《しながわ》弥二郎《やじろう》や薩摩の大久保利通などと秘密の交際がはじまった。藤井九成は山県大弐《やまがただいに》の明和事件に連座して獄門になった右門の曾孫、激しい志士だ。

松尾但馬や藤井九成の宮廷工作が実って岩倉の洛中滞在がゆるされたが、岩倉と志士との交際、志士同士の連絡を京都守護職の会津藩や、会津の親戚の桑名藩に知られるのはまずい。警戒のうえにも警戒したが、「ええじゃないか」の騒ぎに隠れたから成功した面もあった。

「諸藩の有志は盛んに岩倉邸に出入りしたが、幕府や会津、桑名に知られずにすんだ。かれらみずから厳しく警戒したからだが、天の助けもあった。それは、あの〈ええじゃないか〉である。岩倉の活動はこの騒ぎに隠れておこなわれたので、人目に触

れることがすくなかったのだ」（『岩倉公実記』意訳）

京都の「ええじゃないか」は十二月でぴたりと終わった

京都の「ええじゃないか」は政治色が濃厚だった。それは京都の中立売通室町で玩具屋を営んでいた舟木宗治の『五十年の夢』でもはっきりと言及されている。

舟木がみた「ええじゃないか」は、こんなふうだった。

庭をきれいに掃除して白砂を敷き、七五三縄《しめなわ》を張って待っていると大神宮のお札が降ってくる。この札は天から降ってきたのだといわれた。

ある店では銅貨が六文、家のなかへ降ってきた。お客さんの置き忘れではないか、などといっていると、別のひとが、「いやそうではない、わたしは銅貨六文が北のほうから天を飛んでこの店にはいるのをこの目で見たんだ」などと力説する。

子供が庭を清めて待っていると、チラチラとお札が降ってくる、なかなか奇妙な光景だった。

お札が降ってきた家ではお札を祀り、親類縁者、近所のひとを招いて祝宴をひらく。「ちかごろの不景気を祓う景気直しだ」といい、「ヨイジャナイカヨイジャナイカ」と踊りはじめ、猫も杓子も踊る。

現代の仮装行列のように衣装を替えるのが流行《はや》った。男が女になり、女が男になるだけじゃない、関白になったり、弁慶になったりする。ちかごろ流行りの浪士の姿になり、両刀を差して高下駄を履いて歩くものもいるが両刀は木太刀だから、奉行さまも「これは世直しである」と、見て見ぬふりをする。

御所づとめの女性が宿下《やどさ》がりで舟木の家にお出でになった。これ幸いと、女性の衣装を借り、桜という名のお供の女中も借りて錦紗包《きんしゃづつ》みの袋を持たせ、しずしずと中立売御門から公家門前を南にすすむと、お公卿さんに仕える継裃の侍が舟木を見違えたらしく、両手をついて平伏した。

そのまま通りすぎればよかったものを、侍の前で「バアバア」といって目を剝いたら、きつく叱られたが、「コリャコリャ、ヨイジャナイカヨイジャナイカ」でごまかした。

御所のなかでさえこのとおりだから、市中では乱暴だ。町ごとに一カ所以上の「ええじゃないか踊り」の場がある。多いところでは五カ所も六カ所も踊っていた。

商売も休んで踊り狂うから、十二月、北町奉行から「踊り禁止」が命令され、不審者四、五人が逮捕された。

噂では、逮捕された者は大神宮や、ほかの神社のお札をたくさん持っていたそうだ。なんのためのお札なのか、わからないが、たぶん、いまの新聞の号外のように、家々に投げこむために持っていたのだろう。

この逮捕のあと、「ええじゃないか」の踊りは火の消えたようになり、お札も降らなくなった。

「おかげまいり」の期待はいまだに実現されていない

官軍が東北の戦線に出陣したとき、政府は武蔵（東京）の郷士の相良総三《さがらそうぞう》などで編成された赤報隊を使い、官軍の進軍路のさきざきで「年貢半減」を布告させた。進軍路の農村の期待をひきうける体裁をとり、戦争を有利にすすめようとしたわけだ。

「おかげまいり」の経験がある農村では、ご先祖さまがおこなった伊勢参詣の効果がついに実現した、世直しがはじまると歓迎し、その結果、官軍はスムーズに進軍できた。

だが、東北の戦争が優勢に展開されるにつれて、「年貢半減」は政府の財政にとって苦しい課題であるのがわかってくる。

政府は「年貢半減」を撤回し、相良総三の赤報隊を「贋《にせ》官軍」と認定して弾圧を指示、八名の幹部は斬首され、ほかの隊員は追放された。「おかげまいり」にかけられた期待はいまだに実現されていない。

8　なぜ〝伊勢型紙〟商人に「苗字《みようじ》・帯刀」が許されたのか

――紀州徳川家の母港を拠点に栄えた白子《しろこ》商人の誇り

る。

ロシアへ漂流した大黒屋光太夫《だいこくやこうだゆう》の誇り

伊勢の白子——「しらこ」ではない、「しろこ」である。南北に長い伊勢湾のちょうどなかほど、鈴鹿《すずか》市の南の海岸に沿って白子の町と港がある。

伊勢の白子で連想されるのは、なんといっても大黒屋光太夫《だいこくやこうだゆう》だ。

天明《てんめい》二年（一七八二）十二月、「神昌丸《しんしょうまる》」という船が白子の港から江戸に向かった。光太夫は神昌丸の船頭で三十一歳の働きざかり、船員は十六人。

神昌丸は千石積みで、紀州《きしゅう》藩の米を五百石のほかに伊勢特産の木綿・薬種・紙・膳や椀《わん》などの雑貨を積んでいた。

白子出航が十二月九日。鳥羽《とば》で風待ちをして十三日に外海へ出たが、遠州灘《えんしゅうなだ》ではげしい北風にあって帆を失い、漂流しはじめた。

ひとりの船員を病気でなくし、八カ月後にアレウト（アリューシャン）列島の西端のアムチトカ島に漂着した。北アメリカのアラスカから南西に突き出しているのがアレウト列島だ。

こうして、あしかけ十年にわたる光太夫の海外滞在がはじまる。

カムチャツカをへてロシア本土に渡り、帝都ペテルブルグにのぼってエカテリーナ二世に謁見《えっけん》、日本語辞典や地図の作製に協力した。エカテリーナ女帝のロシアは日本事情の研究に情熱をかたむけていたのだ。

光太夫は、自分が協力して作製した日本地図の隅のところに、「勢州白子産の光太夫」・とか「大日本伊勢白子の光太夫」などと書いている。望郷の念からだろうが、それとともに「白子の船頭」であることの誇りを強調したものであったにちがいない。

「伊勢の白子はただの港ではないぞ！」

そういう誇りが、ともすれば萎《な》えてしまいそうな気持ちに緊張をとりもどし、あしかけ十年にもおよぶ外国での暮らしをささえた。

徳川家ゆかりの港――白子《しろこ》

伊勢の白子はただの港ではない――これはけっして光太夫の思い過ごしや、独りよがりではなかった。

港のなかの港、すべての日本の港のなかで別格の位置を占《し》めていたのが白子だった。

なぜか？

ここでちょっと伊勢を離れ、江戸湾の入口の浦賀《うらが》に目を向けていただく。

浦賀には幕府の奉行所が置かれ、諸国から江戸湾にはいるすべての船はきびしい検査を受ける掟《おきて》になっていた。陸路の箱根《はこね》の関所に相当するのが浦賀の奉行所だった。

だが、形ばかりの検査でやすやすと通過する船がある。二隻や三隻とつながって番所を通過していく船団も見えるはずだ。

船の舳先《へさき》には「紀伊」「紀州家」と記した大型の提灯《ちょうちん》をかかげ、積荷には「紀」の字の絵符《えふ》(荷物に貼りつける札)がつけてある。徳川御三家のひとつ、紀州徳川家の威光を笠にきて、警戒のきびしい浦賀番所をやすやすと通過する特権をもっていた。

この船はすべて伊勢の白子を母港としていた。そして白子は紀州徳川家の領地だったのだ。

いまでは四日市《よっかいち》に繁栄《はんえい》を奪われて昔日《せきじつ》の面影はないが、その昔の白子は伊勢海岸でもっともにぎわった港であった。

織田信長が明智光秀《あけちみつひで》に討たれた本能寺《ほんのうじ》の変のとき、徳川家康は堺《さかい》にいた。危険をさとった家康は鈴鹿の峠を越えて伊賀から伊勢にぬけ、この白子の若松浦《わかまつうら》から海路を知多《ちた》半島にのがれた。

紀伊徳川家の母港として栄えた白子《しろこ》港

いわば白子の港は、徳川家の救いの神になったのである。

天下が太平となると白子は藤堂高虎《とうどうたかとら》の領地になったが、家康の十男の頼宣《よりのぶ》が紀州に封じられたときに松阪といっしょに頼宣の領地になった。元和《げんな》五年（一六一九）のことで、家康との因縁や白子の港としての重要性を考えれば、これはふさわしい処置だったといえる。

民間の〝白子船〟に与えられた莫大な特権

さて、「紀伊」や「紀州家」の提灯をかかげて白子と江戸のあいだを往復する船が紀州家所有の船であったのかというと、そうではない。白子には「白子積荷問屋」という商社があり、積荷問屋が集めた貨物を江戸に運ぶ海運業者の「白子廻船問屋」があった。白子船はこの白子廻船問屋が所有する、純然たる民間の輸送船なのである。

品質が上等なことで評判の高い伊勢・尾張・三河《みかわ》の木綿が主な積荷で、そのほかには京都から仕入れる高級な雑貨、近江や奈良の産物も積んでいた。

白子の船が運んだ荷物は、江戸に進出している伊勢商人の店、つまり「伊勢店《だな》」を通じて販売されてゆく。江戸の伊勢店は「白子組」と「大伝馬町《おおてんま》組」のどちらかに所属して、商品が横流しされて値くずれを起こさないように相互に監視していた。

江戸の白子組と大伝馬町組は、さしずめ現代の商社に似ているけれども、白子の船で運ばれる商品しかあつかわない点に閉鎖性があり、独占代理店といった性質もあった。

純然たる民間の商船にすぎない白子船が、なぜ、「紀州」マークの提灯をかかげて浦賀番所をやすやすと通過するのか？

紀州家のコメを積んでいるからである。

積荷のほんの一部にでも紀州家のコメを積んでいれば、「紀州」マークの提灯をかかげるのが許される。

そもそも「紀州」マークは紀州家のコメにしか有効ではないはずだが、マークとかブランドというものには神秘的な感染力があるもので、紀州家の威光は民間商品の木綿にも感染するのである。

紀州家のコメを積んでいる白子船は「紀州家にゆかりのある船」で、その船に積んであ る商品もまた「紀州家ゆかりの商品」ということになる。

浦賀の番所で検査を受けるとき、白子船の船頭が何と言うか、想像してみる。

「紀州さまのコメを積んでいる」

こうは言わないはずだ。

「紀州マークの提灯をいただいている船でありますぞ！」

こう言うにちがいないのである。

「紀州さまから提灯を……なるほど」

ほかの港から来た船がきびしい検査でもたついているのを尻目に、白子船はさっさと関門通過、というわけだ。

江戸からの帰りには、綿作や農業一般の肥料として欠かせない干鰯《ほしか》を積みこみ、伊勢・大和・近江の農村に売り出す。白子の海岸通りには干鰯の問屋が軒をつらねて財力の蓄積に大きな役割をはたした。

往路でかせぎ、復路でも儲ける――こういう商売を「ノコギリ商法」という。手前に引いて切り、向こうに押して切るから往復ともに効果があるという意味だ。白子船こそまさにノコギリ商法の典型だった。

八代将軍の吉宗《よしむね》が紀州家のひとだったのが白子船の特権をいよいよ強固なものにしたのは当然のなりゆきで、江戸――白子の航路は商業ルートの幹線としての位置をゆるぎないものにした。

二度と故郷の地を踏めなかった光太夫

近鉄名古屋線の千代崎《ちよざき》駅で降りて海岸に進み、千代崎橋を渡って少し東北に行くと「心《しん》海《かい》寺」がある。大黒屋光太夫一行の墓は、この心海寺にある。

墓が建てられたのは天明四年（一七八四）で、光太夫が死んだのはそれから四十四年目の文政《ぶんせい》十一年（一八二八）――といえばもうわかるだろう、神昌丸が行方不明になって二年、乗組員の全員は死んだにちがいないとあきらめた関係者が船頭光太夫と水夫のために墓を建てて供養したのだ。

帰国した光太夫は心海寺に建てられた自分の墓前にたち、過酷な運命を思ってさめざめと涙にくれる――となればまことにドラマチックだが、そういう光景はありえない。江戸でロシア事情を審問されたあと、光太夫は江戸の番町《ばんちょう》の「御薬園」に住まわされ、死ぬまで外の世界とのつながりを禁止されたからである。九段《くだん》の靖国《やすくに》神社から坂道を下がったところに薬園はあった。

さて、心海寺の光太夫一行の墓に参ったあとは、いよいよ「子安観音寺」にゆく。

心海寺から子安観音まではちょっと距離があるけれど、かつての白子の繁栄をしのびながら海岸通りをゆっくり進めば、さほど苦にならない距離ではある。

子安観音は通称で、正しくは「白子山観音寺」という高野山系統の真言宗の寺だ。本尊は白衣の観音像である。

聖武《しょうむ》天皇のころというから八世紀、近くの海から鼓《つづみ》の音が聞こえるので村人が不思議に思い、網を入れてみた。すると鼓に乗った白衣の観音像が網にかかってきたので、堂をつくって安置したという。すぐ近くの近鉄の駅は「鼓《つつみ》ヶ浦《うら》」といい、海水浴場は「鼓ヶ浦海水浴場」だ。

観音さまは人間のあらゆる苦悩を聴いてくれ、解決へのヒントを与えてくれるありがたい仏さまだが、白子の白衣観音は安産と子育てを得意となさっていたので、それが子安観音の通称になった。

本堂の左手に三重県天然記念物に指定されている「不断《ふだん》桜」がある。不断桜の名のとおり、四季を問わずに花を咲かせるという、じつにめずらしい桜だ。

本堂に上がって安産を祈ると、祈願のしるしとして一枚の不断桜の葉をいただくことになっている。天然記念物指定の桜の葉を取るのはよろしくないことだが、寿命がきて自然に落ちた葉を使うはずだから、心配は無用。

聖武《しょうむ》天皇のころまで遡《さかのぼ》る「白子山観音寺」

さまざまな伝説に彩《いろど》られる「白子型紙」

さて、桜の葉には青虫がつきものだ。青々とした葉にとりついて、めったやたらに食い荒らす。

ふつうのひとはケシカラン、気持ちがわるいと眉《まゆ》をひそめるだけだが、その昔、ふつうじゃないひとがいて、虫食いの模様にじぃーっと見入るうち、

「すごく新鮮なデザインだ。人間の頭ではとても発想できない！」

大発見をしたのである。

白子の名産、いまでも全国生産の九十九パーセントを占める「白子型紙」はこうしてはじまったのだそうだ。なかなか楽しい伝説である。

白子型紙の発祥にまつわる伝説はほかにもある。

お堂を建てて白衣の観音を祀ったとき、どこからともなく「天童」が現われ、丸に鶴と亀をあしらったのをはじめとしてさまざまのデザインを彫ってみせた。それを手本にして白子のひとが型紙を彫るようになった。

この天童は観音の使者にちがいない。白子のひとびとの篤《あつ》い信仰心に感心した観音さまが、褒美《ほうび》として派遣したのである。

四季に花を咲かせる「不《ふ》断《だん》桜」

友禅《ゆうぜん》という名が登場する伝説もある。

白子観音の執事をしていた友禅という人は美術の愛好者だった。草木の花や葉を白布のあいだにはさんで槌《つち》でたたき、花や葉からにじみ出る色素で染めたのをプレゼントして楽しんでいた。

評判になり、希望者がふえてくると、花や葉を槌でたたいていたのでは間に合わなくなる。紙に型を彫って染料を押しつけ、おなじ模様のものを大量につくるようになった。これが白子型紙のはじまりだという。

友禅といえば京都の友禅染めの創始者である。そして友禅染めは型染めなのだから、この伝説は京都の友禅の名声にあやかってつくられたもののように思われる。

だが、そんなことは知らん顔、「観音寺の執事の友禅というひとが」と、京都の友禅とはぜんぜん関係のない同名異人の友禅を、いきなり登場させたところがおもしろい。

伝説は、これを伝説としてそのまま受け取るのがよろしい。伝説の種類が多いのは、白子型紙の生産と販売の歴史が白子観音への信仰とかたく結びついていた事実を示すものだ。

じつをいうと、白子型紙は白子村と、隣りの寺家《じけ》村でつくられていて、寺家村のほうが生産量は多かったという。それにもかかわらず「白子型紙」の名で通してきたのは白子観音の存在が強く影響していたからにちがいない。

観音信仰を中心にして団結し、裏切りを許さない――それが白子型紙の製造であり、販売だったのだ。

地方の閉鎖性を破った戦国時代

ところで、白子型紙とはどんなもので、どういう歴史のもとにつくられてきたのか？

木綿の布を染料で染める。

筆に染料をつけて思いのままのデザインで染めていくのが「手描《てが》き染め」である。

あらかじめ模様を彫った型紙を布の上に置いて、糊《のり》に混ぜた染料をこすりつけて染めてゆくのが「型染め」だ。白子型紙とは、この型染めに使う型紙なのである。

特別に漉《す》いた上質の美濃《みの》紙に、おなじく美濃産の柿の渋《しぶ》汁で裏打ちして強くしたのを十枚ほど重ねたのが原紙になる。

白子の「型彫職人」が、何種類もの道具を駆使して、さまざまの模様を彫っていって白子型紙が出来上がる。

完成した型紙は、これもおなじ白子の「型売商人」が全国各地をすみずみまでまわって染色業者、つまり紺屋《こうや》に売りさばく。

白子型紙がいつごろから全国に売られるようになったか、いろいろ説があって判然とはしないのだけれど、どうやら室町時代の終わりごろにはかなり広い範囲で知られていたらしい。

室町時代の終わりごろとは、いうまでもなく戦国の世である。戦乱に明け暮れる時代なのに、伊勢の白子の型紙が全国をマーケットにするようになったとは意外に聞こえるかもしれないが、じつは、そこにこそ、あの戦争の役割があった。

中世（鎌倉から室町）の社会は「地方閉鎖」の状況だった。荘園から育った武士が政権をにぎったけれども、庶民の暮らしは荘園を単位としておくられていた。

地方閉鎖の状況をうちやぶったのが戦争だった。戦国大名は荘園の息の根を止め、より大きく広い領地を支配するために戦争をしたのだ。

大名の領地の中心には城下町が形成され、他国の商人がさまざまな商品を運びこんできた。モノもヒトも自由に往来できる——楽市楽座《らくいちらくざ》の制度を率先して導入した織田信長が最初に天下に手をかけたのは偶然ではない。

白子型紙の全国進出も、この趨勢《すうせい》に乗じた結果であったといえる。

高まる白子型紙の需要と技術流出の恐れ

戦争が終わって平和の時代になった。

桃山《ももやま》の華麗な文化は大名と富商と寺院のものだったが、それがいまは庶民の段階にまで裾《すそ》野《の》をひろげてきた。

肌にやさしく、華やかな色彩に染めあげられた木綿の衣装の需要は高まる。

白子型紙の需要はますます伸びることが予想されたが、となればなったで、

「品質を維持し、利益を守るためには、どうすればいいのか?」

新しい時代に対応した、新しい商業戦略が必要になってくる。

白子型紙は「型彫職人」と「型売商人」の、ふたつの職能集団によって支えられていた。どちらも農民である。

白子村と寺家村の農民が農作業の余暇に型を彫り、製品をもって全国各地を行商して歩く。

いちばん恐ろしいのは技術の流出と製品の横流しだ。

どうすればいいのか？

特権である、特権によって技術と販路を独占することだ。

白子の型彫職人のほかには型紙を彫らせない、白子の型売商人のほかには型紙を売らせない——これを特権として認めてもらえばいい。

元和五年（一六一九）に白子村と寺家村は紀州家の飛び地になった。

それまでの領主の藤堂家は外様《とざま》大名で、なんとなく頼りないところがあった。紀州徳川家は御三家のひとつ、まさに飛ぶ鳥を落とす威光に輝いている、これを利用しない手はない。

初代藩主の徳川頼宣が和歌山にやってくるとすぐに、白子と寺家の型紙業者は嘆願書を提出したのである。

「絵符と人馬駄賃帳を、おさげわたしいただきたい」

この願いは許可された。

絵符とは荷物に貼りつける札のことで、この場合は、「紀伊」「紀州」と記した札である。「紀州さまの息のかかった荷物である。粗末にあつかうと、ひどい目にあうぞ」と特権を主張するシンボルだ。

そのつぎの「人馬駄賃帳」とは何か、これを説明するには少し手間がかかる。

「公用荷」と同等に扱われた白子型紙の特権

徳川幕府の政権が安定するにつれて、交通と運輸の制度がかたまってきた。幕府が設置、管理する主要な街道や港に、一律の制度が適用されるようになったのである。

街道の宿駅には荷物を運ぶ馬、つまり駄馬が用意され、駅ごとに駄馬が交替してつぎの駅に運んでゆく。馬は自分で荷物を積み換えないから、人手が必要になってくる。馬子《まご》も必要だ。

宿駅は周辺の村々の共同責任で運営されることになっているが、じつはこれが大変な苦痛をともなう。

荷物や人間の運賃、つまり駄賃が収入になるのだが、幕府から押しつけられた公定金額はきわめて低額だ。

それにくわえて、「助郷《すけごう》」がある。規模の大きい大名の参勤交替が通るときには常備の人馬では間に合わず、遠くの村々から、「助《すけ》っと」を徴発しなくてはならない。これを「助郷」といった。

助郷は労役である。税として労力を徴発されるのだから、ただ働きだ。助郷が農村を破壊したといわれる理由が、ここにある。

——江戸時代だって「需要と供給の原則」は生きていたはず。荷物の量や、馬に乗る旅人の数に応じて妥当な駄賃を決めればいいじゃないか？

それは、そうだ。

じつをいうと、駄賃には二種類あった。幕府が決めた「公定駄賃」と、その場の需要と供給で決まる「相対《あいたい》駄賃」の二種類だ。

大名の荷物——公用荷——の運搬や家来の旅行には公定駄賃を払えばよくて、商用荷の運搬や民間人の旅行では相対駄賃を払わなくてはならない掟になっていた。もちろん公定駄賃のほうが安いのである。

相対駄賃は変動相場制だから一定した比率はないけれど、公定駄賃が一駄につき百一文のときに相対駄賃は二百三十九文だった記録がある。商用荷の駄賃は二倍を超していたわけである。

宿駅を運営する村々の困惑は幕府もよく承知していた。公用荷を低い公定駄賃で運ばせる埋め合わせとして、商用荷の駄賃は高い相対価格でよろしいということにしたわけだろう。

公用荷の責任者（家来）に対して、大名（主君）から一冊ずつ渡されるのが「人馬駄賃帳」である。宿駅を通過するたびに、駅の役人が駄賃を記入するシステムだ。「公定駄賃を受け取りました」の意味であり、「公定以上の駄賃は受け取ってはおりませぬ」でもある。

商人が商用荷の駄賃を払っていては利益を食われてしまう。なんとかして公定駄賃で商用荷を運びたい——ここに特権が生まれる。

白子型紙の業者は、人馬駄賃帳を支給してほしいと紀州家に申請して、許されたのである。

人馬駄賃帳をたずさえているのは武士であって庶民ではない——はずだ。

紀州家から支給された人馬駄賃帳をもっている白子の型売商人は、宿駅で武士なみにあつかわれること、安い公定駄賃を払うだけで型紙の荷物を運搬してもらうことを要求しているわけだ。

公定駄賃制度は東海道や中仙道《なかせんどう》の、いわゆる「官道」にかぎって適用されるものだ。

しかし白子の型売商人たちは、諸藩の領地のなかの脇道を通過するときにも「紀州さま」の威光をちらつかせ、官道と同様に安い駄賃でもって型紙の荷物を運搬させた。

津々浦々、どんな辺鄙《へんぴ》なところでも、紺屋のあるかぎりは白子型売商人が荷物をもちこんで型紙を売りつけた。

株仲間によって厳格に守られた掟《おきて》

白子の型紙業者は特権によって他者を排除し独占を守ったわけだが、その特権によって、自分たち自身もかたくしばった。

株の制度である。

宝暦《ほうれき》三年（一七五三）、型売商人は紀州藩の許可を得て株仲間を結成した。これによって型売商人の株は白子村と寺家村あわせて百三十九株と決まり、明治になるまで変化はなかった。

株だから、ひとりの者が複数の株を所有することがあるし、白子か寺家の村民のあいだにかぎって売買されることもある。

違法行為を犯したと認定された者は株仲間から排除される掟もつくられた。

株仲間からの排除、これはじつにきびしい制裁である。

というのは、型売商人にしても型彫職人にしても白子か寺家の村民なのであり、仲間から排除されたあとでも白子か寺家の村民として暮らしていかねばならない。

型紙の仲間から排除されたら、白子や寺家に住むのは辛《つら》くなるが、といって、無籍の流《る》浪《ろう》人生を覚悟しないかぎりは、亡命も不可能だ。掟はきびしく守られたと推察できる。

型彫も型売も農業の余暇の作業だから、型売商人が荷物とともに旅に出るのはもっぱら農閑期である。

誰が、どの地方に行商に出かけるか、それは株で決まっている。それぞれお得意の地方が固定されていて、仲間うちの権利になっているからである。

天保三年（一八三二）の例でみると、たとえば「越後行き」は和田栄次郎など七株の七人であった。

おなじ年の「中国行き」のメンバー表には「三郎右衛門《さぶろうえもん》持ち・庄助《しょうすけ》」という名前の株がみえる。これはつまり、三郎右衛門名義の株を庄助が借りて中国地方の行商に出かけるという意味だ。

庄助としては「借り株」ではなくて、れっきとした「庄助株」で行商に行きたいところだろうが、株を自分の名義にするほどには資金がたまっていなかったのだろう。

売上を伸ばそうと思ったら、自分の権利となっている地区のなかの、それまで足を入れなかった辺鄙な山里まで踏みこんで新たなお得意を開拓しなければならない。それがまた白子型紙の需要と名声の拡大に拍車をかける、というわけだ。

なぜ型売商人に「苗字・帯刀」が許されたのか

――越後行きの和田栄次郎という名前が気にかかるね。型売商人は全員農民なんだろう、それなのに「和田」という苗字《みょうじ》を名乗っているところをみると、よほど豊かな農民の印象がする。型紙売りの行商なんか、する必要がないんじゃないのかな?

和田栄次郎の農民としての実態はわからないが、この場合、どうしても苗字を名乗らないわけにはいかなかった。

なぜかというと、型売商人は人馬駄賃帳をもっていて、宿駅では紀州家の威光を笠に「武士まがい」に化けるわけだから、苗字がない、ただの「栄次郎」では格好がつかないのである。

苗字・帯刀を許してほしいという要求に対して、はじめのうち紀州藩の幹部は首を縦に振らなかった。

格別に功績のあった者とか、いくつかの村をまとめて支配する庄屋クラスの農民ならともかく、型紙業者が苗字・帯刀に値するとは思われなかったらしい。もともとは、貧しい農民の余暇の仕事にすぎなかったのだ。

しかし、型紙業者が伊勢の紀州藩領に直接間接にもたらす経済効果に気づかないはずがなく、型紙行商のあいだにかぎって、との条件つきで苗字・帯刀が許されることになった。

「伊勢の白子の型紙売りは、紀州さまから苗字・帯刀を許されているのじゃそうな」

越後の山深い村で、こういう話が出る。紀州家の名誉にとってけっして悪くはないものであり、「さすがは紀州さま」という評判になって返ってくるのだ。

型売商人は、いったいどれくらいの範囲で型紙行商をしていたのか、文化四年（一八〇七）に「関東行き仲間」として武蔵《むさし》・安房《あわ》・上総《かずさ》・下総《しもうさ》・常陸《ひたち》に行商した太郎右衛門の記録が残っている。

関東行き仲間の株には、東海道経由と中仙道経由との二種があったが、太郎右衛門の株は東海道を経由すべきものと決まっていた。

ただし、あくまで「関東行き仲間」の株なのだから、東海道の往復の途中で型紙を売ることはできない。東海道は型紙荷物の運搬ルートにすぎないわけだ。

さて太郎右衛門は江戸の千住《せんじゅ》に最初の宿をとって、千住付近の四つの村から型紙を売りはじめる。

この記録には「千住村、しめて四村」とあるだけだから、紺屋が何軒あったか、成績はどうであったか、それはわからない。

ひとつの村には一軒以上の紺屋があったと考えられ、太郎右衛門のこの年の行動範囲は百を超える宿の、六百以上の村におよんだのだから、七百ぐらいの紺屋を相手にしたものと想像される。

「白子型紙」が市場独占しえた理由

七百ものお得意を相手の行商というと、人間のわざを超えた大事業のような印象だ。たしかに大変ではあったが、行きあたりばったりの「飛び込み行商」ではないのだから、勘違いしないでほしい。

それからまた、七百軒もの紺屋に売りつける型紙の量は相当なものだが、荷物をぜんぶまとめて背負って歩くわけでもない。地区ごとに小分けして、あらかじめ先送りしてあ

江戸時代、着物の柄《がら》に使われた「白子型紙」

る。

地区地区には懇意の宿が決まっていて、いわば太郎右衛門の支店になっている。

「今年は、これだけ売れ残りました。来年まで預かっておいてください」

千枚、二千枚といった大量の型紙を白子に送り返すには手間もカネもかかる。懇意の宿にいくらかの謝礼を払っても、来年まで預かっておいてもらうほうが得だというソロバンをはじいていた。

お得意からの注文に応じて行商の品揃えをすることも、注文に応じて白子から発送することもなかった。アメリカで流行し、日本でもかなり盛んになった通信販売システムなどは断固として拒否するのである。

なぜなのか?

じつは、この点にこそ、白子型紙が長期にわたる市場独占をつづけた謎がひそんでいるのだ。

白子型紙は注文を受け付けなかった、なぜか?

もしも紺屋の注文を受け付けたなら、どうなっていたか?

紺屋の注文は、「いままでにない、たとえば、このようなデザインの型紙を」というものになる。斬新《ざんしん》なデザインの染めで販売合戦に勝ちたいからだ。

紺屋の注文に型売商人が応じるとすると、型彫職人に対して、

「ひとつ、やってみてくれないか」

頭を下げなくてはならない。

「そんな、細かいの、イヤですよ！」

「そう言わずに、たのむよ。お得意さんの注文なんだ、あれはダメですとは言えないじゃないか」

「お得意さんといっても、おれたち型彫職人のお得意じゃない。あんたたち型売商人のお得意なんだろ、勝手にすればいいんだ！」

こうなっては、まったく困るのだ。

自主努力により、つねに「新たな柄《がら》」を

型売商人の下に型彫職人が従属していた。

職人もおなじ白子か寺家の村民なのだが、商人と職人とはまるで地主と小作人みたいな従属関係になっていた。

型売商人が紺屋の注文を受け付けると、型彫職人を押さえつけ、支配している特権がめちゃめちゃにくずれてしまうのである。

そして、もうひとつ、型売商人と紺屋との関係があった。こちらは上下の支配関係といえばわかりやすいだろう。

紺屋の注文をきいていると、そのうちに上下の関係が逆転して、「お客さまは神さまです」といったものになり、

「この注文がきけないというんなら、あんたなんかには頼まないよ。白子型紙の商人は、あんたひとりじゃないんだからね！」

商人同士が、競争させられてしまう。

紺屋というものは、白子型紙の商人がゆくのを待っていて、店にひろげられる型紙のなかから選ぶだけでよろしい、特別なデザインを注文できる立場じゃない——それが、特権に保護された白子型売商人の姿勢であり、販売戦略なのであった。

といっても、白子型紙の業界が新しいデザインの開発努力をしなかったというのではない。努力をしないどころか、つぎつぎと新しいデザインの型紙を工夫していったのだが、それは需要者側の要求に応じたのではなく、あくまで白子の自主努力だった。

「消費者が望んでいるから……」

日本のあらゆる種類の製造業界で、この言葉が万能であるかのように思われているようだ。

では、もし消費者が何も望まなかったなら、メーカーはその日から操業をストップして、転業するのか？

白子型紙業界は、お得意の希望なんかにはまったく目もくれず、ひたすら自分だけのセンスと判断によって新しい型紙を開発していたのである。学ぶべきものが多いのではなかろうか。

やがて訪れる「特権」失墜のとき

白子の型売商人が「紀州さま」の威光に物をいわせ、商用の荷物を公定駄賃で運ぶことに対して疑問、抗議が起こったのは当然だった。

大量の商用荷物を運んでも、安い公定駄賃しか取れないとしたら、そうでなくとも苦しい宿駅の財政はますます疲弊する。

紀州家の威光はおそろしいが、背に腹はかえられない。白子型紙の荷物の運搬を拒否する駅が現われるようになったが、それには負けじと、白子の業界は新しい手を打った。

それが何かというと、紀州家の保護をますます強いものにしてもらうことだった。

徳川吉宗がまだ紀州の藩主だったとき、白子の型売仲間に対して「通り切手」が支給された。

これには型売商人に対する紀州家の「命令」が書いてあった。宿駅では公定駄賃を払わなければならないという命令だ。裏をかえせば、相対駄賃を払ってはならないということになる。

東海道や中仙道などの官道と宿駅は、幕府が設置しているのであって紀州家ではない。「通り切手」に記されている命令は白子の型売商人を規制するものではあっても、宿駅の役人には通用しない性質のものだ。

骨太の宿駅役人が相手のときには、

「いかに紀州家といえども、ここには関係ありません!」

拒絶されるおそれがある。

しかし、それなりの工夫というものがあった。「通り切手」には宿駅の役人や問屋、名主にあてた丁寧な依頼の文章が書いてあったのだ。

かつて旅籠《はたご》がずらりと軒《のき》を並べた白子の町並み

「この者は、わが紀州家から『公定の駄賃を払え』と命令されていることを証明いたします。したがって、関係各位におかれましては、この者どもが公定以上の駄賃を払うことなく荷物を運べるように、格別のご配慮をお願いする次第であります」

こんな意味の文章であった。

関係者をいきなり刺激しないようにとの配慮から、できるかぎり懇切な姿勢を示しておき、しかし裏では、紀州家の権威をちらつかせている。

この「通り切手」を支給したときの紀州藩主だった吉宗が八代将軍になったから、白子型売商人の行商は大いに有利になった。

そうはいっても、筋ということを考えれば、これが世間に通用する筋でないのはもちろんだ。あっちこっちの宿駅でトラブルが起こった。

そしてついに、紀州家にかぎらず大名というものの権威が落ちてきた江戸の末期には、白子型売商人の荷物が公定駄賃で運ばれる光景はみられなくなったのである。

「伊勢木綿」と「伊勢型紙」の二重利益

何度かの苦難に耐えた白子型紙業界だが、いまでは型彫職人が「重要無形文化財」に指定されて活躍している。

全盛期には型売商人の下に従属していた型彫職人が、いまは表舞台で活躍している。この現状のほうが健全であるのはもちろんだ。

さて、それにしても、白子型紙業界に対する紀州家の保護政策は、異常といわねばならないほどに強烈だった。

株仲間からおさめる運上金の魅力はあったにしても、やはり異常だ。

なぜか？

大黒屋光太夫のことを思い出していただきたい。

光太夫が船頭をしていた神昌丸は伊勢木綿を積んでいた。白子船で江戸に運ばれる伊勢木綿は「伊勢店」を通じて全国各地の紺屋に売られてゆく。

紺屋が買った伊勢木綿は、まだ染められていない、真っ白な木綿の布である。

紺屋は伊勢木綿を染める。

紺屋は、伊勢の白子の型紙を使わなければ染められない。

これで謎が解けた。

白子船が運ぶ伊勢木綿は、おなじ伊勢の白子の型紙によって付加価値を生み、木綿だけの販売よりもずっと多くの利益を伊勢の紀州藩領にもたらすのだ。

商人を手厚く保護するのは外聞が悪い、なんて言ってはいられなかったのである。

(この章を書くにあたっては中田四朗編著『伊勢型紙の歴史』を参考にしました。伊勢型紙の百科事典ともいうべき本書に対し、敬意と感謝をささげる次第です)

9

なぜ〝海女《あま》伝説〟が志摩《しま》に生まれたのか

——寄せ来る「常世《とこよ》の浪」が育《はぐく》んだ海洋文化

奇妙な立場にあった「志摩国《しまのくに》」

佐渡《さど》・淡路《あわじ》・志摩《しま》・隠岐《おき》・壱岐《いき》・対馬《つしま》——共通するものは何ですか?

とくにむずかしい質問ではない。

日本六十六カ国のうち、面積のせまい国を抜きだすと、この六カ国になる。

六カ国のうち、ひとつだけ性格の異《こと》なる国がありますが、それはどこですか?

志摩である。志摩だけが島国ではない。

ほかの五つが独立の国になったのは大きな島だったからだろう。

越後《えちご》にふくめるには佐渡は大きすぎ、かつ遠すぎる。隠岐を石見《いわみ》にふくめるについても同様なことがいえる。淡路を別の国にふくめるにしても、播磨《はりま》にするのか阿波《あわ》にするのか、摂津《せっつ》か和泉《いずみ》か、揉《も》めだすときりがないから独立の国にした。

それなら、志摩を独立の国にした理由は何であったのか?

地図を見るまでもなく、志摩は伊勢《いせ》にふくめるのが自然だ。

志摩半島といったり、志摩半島の先端部分を区別して前志摩《さき》(先志摩)といったりするが、伊勢と志摩はけわしい山や大河でへだてられていることもないし、細い付け根でつながっているというのでもなく、なだらかに細くなっているだけなのだから、志摩を伊勢か

〝御食《み け》つ国〟志摩の英虞《あ ご》湾

ら切りはなす必然性はないはずだ。

志摩を伊勢にふくめるとしても、伊勢が特別に大きな国になって扱いにこまるということにもならない。

大きな島でもないし、といって伊勢から切りはなさなくてはならぬほどの格別な理由が見当たらないのに、志摩はひとつの国になった——なぜ、なのか？

こういう疑問は古くからあった。

たとえば伊勢松阪《まつさか》出身の学者の本居宣長《もとおりのりなが》は『古事記伝』でこう言っている。

「志摩はもともとは伊勢国の一部であった」

「伊勢国のうち、島がたくさんある部分を分けて一国とした」

「シマというのは伊勢の海のなかの島という意味で、それが志摩国になった」

伊勢の津《つ》の出身で、宣長の先輩にあたる谷川士清《たにかわことすが》は五十音順の配列による最初の国語辞典『和訓栞《わくんのしおり》』を編集したひとだが、そのなかで「志摩とは島の意味である」という意見を述べている。

つまり、シマとは国名としての志摩であるより先に普通名詞の島のことだ、というのである。

大化の改新（六四五）の国郡編成のとき、答志《とうし》と英虞《あご》のふたつの郡《こおり》が答志一郡になって伊勢に編入されたとする説もある。

これは間違いらしいのだが、ことほど左様に志摩国の独立に対する不審は強かったわけだ。

とにもかくにも志摩はひとつの国であったから、国分寺《こくぶんじ》がある。旧志摩郡阿児《あご》町の国府《こう》が志摩の国府《こくふ》所在地で、ここに志摩の国分寺もあった。

しかし、その国分寺の修理の費用は志摩が負担しないでよろしい、伊勢と伊賀《いが》が修理費を分担すべしと朝廷が決めていた。

かたちのうえでは国だが、実質的には国としての能力がない――それは朝廷が認めていたのである。

この実情を考えるにつけても、不審は高まるばかりだ。あえて国にする必要はない、伊勢国のうちの志摩郡《ごおり》でよかったではないか、と。

朝廷の「御食《みけ》つ国」としての特殊事情とは

万葉集に、志摩をうたった大伴家持《おおとものやかもち》の作品がある。

御食《みけ》つ国　志摩の海人《あま》ならし
真熊野《まくまの》の小舟《おぶね》にのりて　沖辺こぐ見ゆ

（巻六）

「御食つ国」とは天皇の食料を奉納する義務を負わされている国という意味で、伊勢や淡路なども「御食つ国」とされていた。

天皇も人間であれば、天皇の食料の問題が重要な政治課題になるのは当然とはいえ、古代の政府が天皇の食料確保に熱中する姿勢は神話にもおよんだ。伊勢神宮の内宮《ないくう》に祀《まつ》られるアマテラスの食料を調達する神としてトヨウケノオオカミという神があり、その神を祀るのが伊勢神宮の外宮《げくう》だとされたのだ。

さて、おなじ「御食つ国」でも、伊勢や淡路と志摩とでは事情がちがう。

伊勢や淡路も天皇の食料を奉納する義務を負っていたが、それだけではなく、ふつうの国として、さまざまな税も負担させられ、「御食つ」オンリーではなかった。

志摩は「御食つ」オンリーであったといっても過言ではない。

耕作可能地が少ないから、律令制の基礎であるはずの口分田《くぶんでん》を志摩のうちでは調達できず、伊勢と尾張《おわり》のうちで志摩の民に対する口分田を配分していたほどだ。

志摩の国司の給料として五町歩《ぶ》の田が配給されることになっていたが、その五町歩も志摩国内では得られず、伊勢のうちにやっと確保していた。

そのかわりに、まさに、そのかわりに、志摩は海の産物に恵まれていた。伊勢や淡路も海産物に恵まれ、だからこそ「御食つ国」に指定されたのだが、伊勢や淡路がおだやかな海に面していたのに対して、志摩の海は荒々しい外洋と数知れぬ入江とが相乗効果をあげていて、海産物の種類が圧倒的に豊富だった。伊勢や淡路の海では獲《と》れないものが、志摩にはいくらでもあった。

天皇や皇族の食料を管轄する役所を「内膳司《ないぜんし》」というが、内膳司の長官たる奉膳《ぶうぜん》（内《ない》膳《ぜんのしょう》正）には志摩の高橋《たかはし》氏だけが任命され、ほかの土地の者は任命されない規定になっていた。

志摩は天皇家専用の巨大な食料倉庫であった。

伊勢のなかに食料倉庫の志摩を置いておくのは不安だし、行政手続きのうえでも、なにかとトラブルが予想された。

そこで志摩をひとつの国にしたのである。

こうしておけば、新鮮かつ豊富な食料を確保できるわけだ。

特異な海洋文化に支えられた志摩

国の全体が天皇家専用の食料倉庫になっていたのが、志摩の人々にとっては良かったのかどうか、ひとくちで言えるものではない。

少なくとも、こういうことが言える。

日本はコメの国である、ということになっている。「豊葦原瑞穂の国《とよあしはらのみずほ》」というのが日本の美称で、この「瑞穂」とはイネのこと、つまりコメが実る草のことだ。

土地があれば水を引いて水田にし、イネを育ててコメを穫る——それこそが日本の文化の神髄である、コメ以外のものごとは二の次なんだと確信し、他人にもそう信じることを、暗黙に強制している。

ところがである、この志摩という土地の歴史からはイネやコメの匂いはほとんど感じられない。

志摩が日本であるなら、日本文化はイネやコメではなくて、アワビやカツオ、ナマコやフカ、そして真珠といったものが中心となる海洋文化ではないのかという疑問がわいてくるのだ。

この疑問を培養するのが志摩の国の歴史的役割なのではないか——そういうことがいえ

真珠の養殖で知られる五ヶ所湾《ごかしよ》

る。

海洋文化日本の巨大な食料倉庫たる志摩は、コメ文化とは色も形も異なる人間のパターンをつくって現代に残している。

海女《あま》は、そのひとつの典型である。

アマははじめから「海女《あま》」だったのか?

小説家の坂口安吾《さかぐちあんご》は昭和二十六年に「安吾・伊勢神宮にゆく」という文章を発表した。『安吾・新日本地理』といわれる歴史紀行シリーズの一篇だ。

「私は伊勢へ旅立つに当たり、大神宮や猿田彦《さるたひこ》のほかに、三ツの見学を心がけていた。一ツは志摩の海女。一ツは御木本《みきもと》の真珠。一ツは松阪の牛肉」

志摩の海女を目標にした理由は、「朝鮮済州《さいしゆう》島の海女についで志摩の海女が優秀である」ことと、海女としての歴史の古さだ。

「私は志摩の海女にあこがれているのである。彼女らの生活にふれてみたいのだ。なぜなら彼女らは千年の余、先祖代々と同じ生業をくりかえし、海産物の生態に変化がなかった如《ごと》くに、彼女らの生態にも変化なく今日に至っているように思われるからである」(「文藝

春秋」昭26・3）

坂口の言うように、本当に志摩の海女の歴史には変化がなかったのか？

変化はあったともいえるし、なかったともいえる。

変化しないのは、海の底にもぐってアワビやナマコをとる、海女の仕事の中核である。しかし、海女をめぐる環境には大きな変化があった。

その第一が「海女」という文字である。

海女と書けば、これはもう女性であって、男の出る幕ではない。志摩の観光をすすめるパンフレットには、白い仕事着の海女の写真が欠かせないものになっている。

しかし、大昔のアマは、かならずしも女性のみではなかった。

文字も「海士」とか「海部」「海人」「白水郎」「蜑」を使うのがふつうで、したがってアマとは女性であるよりも、むしろ男だという印象が先行していた。

海士が海女になった、その変化はどういう次第であったのか？

『古事記』の応神《おうじん》天皇の代の事件として、「海部・山部・山守部・伊勢部を設置なさった」という記事があり、これについて本居宣長の『古事記伝』では「海部はアマと発音する」と注釈している。アマベではなくて、アマだというのだが、『日本書紀』ではおなじ事件で「海人部」という字が使われているから、海人部が本式で海部は省略とみるのがいいだろう。
部という言葉は朝鮮の百済《くだら》の官職であったといわれるが、それが日本に入ってきて、大和朝廷の官制に使われた。

軍事を担当する大伴氏が靫負部《ゆげぃべ》を、物部《もののべ》氏が物部を、祭祀をつかさどる忌部《いんべ》氏が忌部を、というように、一族それぞれ得意とする分野で朝廷につかえる仕組みである。

海岸に住んでいて、漁労や航海を得意とする人々が地区ごとに海部にまとめられ、朝廷につかえることになった。

海部として朝廷につかえるといっても、大和《やまと》に出ていって勤務するのではなくて、海産物の献納、官人や官物の水上輸送を義務づけられたのである。

海部は官職の名称だから、どうしても男の印象が強くなる。

しかし、海部の配下には女性もいる、子供もいる。女性も子供も官職の名簿に登録されることはないが、労働力としては男とおなじか、男以上のものを発揮したと想像される。

皮下脂肪の厚さを比較すれば女性優位だから、海部の労働の現場では女性の姿のほうが男よりも元気ハツラツだったはずで、それがいつしか「海女」の文字とイメージをつくっ

古代から連綿と続く“海女《あま》”の姿

ていったのだろう。

『古事記』に記された〝海女〟の起こり

水にもぐるのを「カヅク」と言い、「潜」の字を当てることがあった。そこから「カヅキメ」という言葉が生まれ、「潜女」という用語がつくられた。カヅクとヌカヅクとは語源がおなじだという説がある。ヌカヅクとは額をさげる動作だから、カヅクは水のなかに頭からボチャーンともぐってゆく姿を強調する言葉らしい。

延喜《えんぎ》式の主税《しゅぜいりょう》寮式には「志摩国には御贄を取るカヅキメがいるが、伊勢国のカヅキメはいない」という文章がある。御贄はミニエと読み、御食や御膳とおなじく神や天皇に奉《ささ》げる食事のことだ。

カヅキメは海部の支配下の女性、言い換えれば海女なのだが、志摩のカヅキメが朝廷の格別の注目を浴びるようになってきた。志摩の海女にまつわる伝説が生まれてきたのと無関係ではなかろう。

鳥羽《とば》市の国崎《くざき》は志摩半島のいちばん東に突き出ているところから、国の崎という名になった。大分県の国東《くにさき》半島とおなじ性格の地名である。

この国崎に、倭姫命《やまとひめのみこと》と海女に関する伝説が生まれた。

垂仁《すいにん》天皇の皇女の倭姫命が国崎の沖を航海していた。

「志摩の海にはアワビがあると聞く。だれか、弓矢でアワビをとりなさい」

ウサギやカモを取るように、アワビも弓矢で取るものと思っているところが皇女さまらしい。

ひとりの海女が、進み出て、申しあげた。

「アワビは、水にカヅイてとるものです」

「深い海の底に、だれがカヅクのですか?」

「わたくしです、志摩のカヅキメです」

「おお、志摩のカヅキメ……」

倭姫命のゆるしを得て、おべんという海女が海の底にもぐり、みごとなアワビをとって浮かんできた。

「みごとじゃ。男の海人と同様の、みごとなはたらきです。今日からは、カヅキメを女の海人と呼ぶことにしましょう」

近くの鎧崎《よろいざき》にはおべんを祀った「海士《あま》潜女《くぐりめ》神社」がある。男の海士と女の潜女とを同格にあつかっている神社なのである。

この神社に祈ってから海にもぐれば、危険な眩暈《めまい》を起こすことがないのだそうだ。

神宮の伊勢遷宮を促《うなが》した〝海女伝説〟

・倭姫命の船旅は物見遊山《ものみゆさん》ではなかった。
まだ伊勢に神宮がなかったころの話である。

アマテラスの神は大和の朝廷に祀られていた。そこには、大和の地方神のヤマトノオオクニタマもいっしょに祀られていた。

地方区の安定をはかるのが任務のヤマトノオオクニタマと、全国区の安定を目的にしているアマテラスとの、いわば同居は、なにかとトラブルのもとになる。

そこで崇神《すじん》天皇の皇女の豊鍬入姫命《とよすきいりひめのみこと》に命じて、アマテラスを大和のうちの笠縫邑《かさぬいのむら》にうつした。

だが、これもアマテラスの意を満たさないと判明したので、崇神天皇のつぎの垂仁天皇は皇女の倭姫命に命じて、アマテラスの気に入る土地を探させることにした。

倭姫命は東をめざす。

近江《おうみ》から美濃《みの》をまわって伊勢に来たとき、大和にいるアマテラスの声がとどいた。「その伊勢の国は、常世《とこよ》の浪が幾重にも重なって寄せてくる国である。大和の外の、美しい国でもある。わたしは、そこに住もうと思う」

こうしてアマテラスオオミカミは伊勢に祀られることになった。

アマテラスが「伊勢は美しい国だ」と判断した根拠のひとつに、志摩の海女のことがふくまれていたのはまちがいない。

志摩の国崎の海女伝説は、アマテラスの伊勢遷宮《せんぐう》神話と結びついて生まれたものだ。それだけに、志摩の各地にある海女伝説のうちではもっとも古い歴史を語るものといえるだろう。

「常世《とこよ》の浪」が育《はぐく》む珍宝・真珠

伊勢には常世の浪が幾重にも重なって寄せてくる——アマテラスが言った「常世の浪」とは、神秘的な雰囲気が気に入ったからだけではなかったはずだ。

余談をひとつ。

民俗学者として有名な柳田《やなぎた》國男《くにお》がまだ若かったころ、渥美《あつみ》半島の伊良《いら》湖岬《ごみさき》の日出《ひい》ノ石門のちかくで椰子《やし》の実をひろった。遠い南の海から流れついたものだろう。柳田からこの話を聞いた若き日の島崎藤村《しまざきとうそん》がつくったのが「椰子の実」という詩である。

〽名もしらぬ遠き島より、流れ寄る椰子の実ひとつ
　実をとりて胸にあつれば、新たなり流離の憂《うれ》い

詩人とは、人の心を歌うものだ。だからこそ、ロマンチックな感情の表出に心血をそそぐ。

詩人だから、それでよろしい、そうでなければならない。

しかし、アマテラスはもちろん、日本の神さまというものは、日本人が思うほどにはロマンチックな感情の持ち主ではなかった。

伊勢に寄せる常世の浪、それは伊勢や志摩の国にさまざまの海の恵みをもたらすのだ。それをアマテラスは「美しい」と言ったのである（原文は「うまし」）。

常世の浪が伊勢や志摩にもたらす、さまざまの恵みのうちでもっとも華《はな》やかで豪華なもの、それが志摩の真珠だった。

海女と海士が海の底にもぐっていって、アコヤ貝かアワビをとる。そのなかに、きわめ

伊良《いら》湖岬《ごみさき》の有名な日出《ひい》ノ石門

て低い率の偶然で真珠が発見される。

大きい珠《たま》は少なく、かたちも不揃いだったが、数が少ないだけに珍重され、志摩の真珠は朝廷や伊勢神宮に献納されるしきたりになっていた。

ところで、真珠は志摩だけでなく、対馬《つしま》でもとれた。

「天皇の臣下が、対馬で私的に真珠を買ってはならない」

こういう掟《おきて》が発布されたことがわかっている。

対馬の真珠が問題になったのは、大陸や朝鮮との外交で対馬の真珠がプレゼントとして使われ、威力を発揮したからだろう。

対馬の真珠が、朝廷の役人ではなく、民間に横流しされてプレゼントに使われると、朝廷の外交政策に悪い影響を与える。そこで対馬の真珠の私的な取引を禁止する必要が出てきたわけだ。

志摩の真珠について、対馬とおなじような私的売買の禁止令が出たのか、どうか、それはわからないのだが、真珠を献納すれば、真珠とおなじ価値だけ、ほかの産物の献納を免除するといった特例のようなものがあったのではないかと想像する。

正徳《しょうとく》三年（一七一三）に、志摩国百科事典の性質をもつ『志陽略誌』という書物が刊行された。

このなかで、海女が真珠をとっているところとして鵜方・迫子・塩屋・檜山路・浜島・布施田・船越・神明浦の地名があげられている。

これらの浦々のひとは真珠で巨額の利益を得ているとも書いてある。ほとんどの真珠は長崎から中国へ輸出されていた。中国では漢方薬の原料として真珠が珍重されていたからである。

世界にさきがけた養殖真珠・ミキモトパール

志摩の真珠というとミキモトパールが有名で、鳥羽のミキモト真珠島には「養殖真珠第一号ここに生まれる——明治二十六年七月十一日」と記した記念碑が建っている。この日に、半円真珠の養殖が成功したのだ。

それから十二年後に真円真珠の養殖が成功し、ミキモトパールの名は世界じゅうに鳴り響くことになった。

御木本幸吉《みきもとこうきち》はまずしい家に育ち、なんとか暮らしをたてようとして養殖真珠の開発に手をそめた。

海女が海の底からとってくる天然真珠が、おどろくほどの値段で売られるのを見て育った志摩のひとならではの発想である。

幸吉は海女の真珠とりの歴史に感謝しなければならないわけだが、海女の真珠と幸吉の真珠とは、まったく性質がちがうのである。

かたや天然、かたや養殖、性質がちがうのはもちろんだが、わたくしの言いたいのは真珠に対する海女と幸吉との、人間としての姿勢の相違だ。

海女は真珠を変えずに、自分を変えた。

他人よりも深くもぐり、他人よりも多くの、より形状のすぐれた真珠をとるために肉体を訓練したのが志摩の海女だ。

志摩の海女の技術はほかの地方でも高く評価された。紀州《きしゅう》や伊勢はもちろん、伊豆《いず》や安房《あわ》(千葉県南部)にまで出稼ぎに行った。

坂口安吾は、こう言っている。

「伊豆の海で年々テングサとりをやっているのは、今では主として志摩の海女だ。伊豆育ちの海女はいないのである」

志摩の海女は真珠を変えなかった、ということは真珠を作らなかったということでもあ

ミキモトパール発祥の地である鳥羽・ミキモト真珠島

る。暮らしそのものの、そっくりすべてを自然にまかせていたのだ。

高級な技術をもっていた志摩の海女は、海があれば、どこでも生きられた。

人間の生活とか一生とか言うと、これはたいへん重苦しいテーマになるが、海があるかぎり、どこでも生きられるのは素晴らしいことで、この素晴らしさを読者にうまく伝えられるかと自問自答したとき、わたくしははなはだしい無力感におそわれるのです。

御木本幸吉は自分は変えずに、真珠を変えた。

外貨をかせいで日本を豊かにするという宣伝をさかんにやって、成功した。

ほとんどの日本人が、日本国というものほど頼りになるものはないと思いこんでいた時期だったから、養殖真珠を世界じゅうに売りこんで外貨をかせいだ幸吉は日本の恩人になった。

ミキモト真珠島に建っている幸吉の銅像は、右手に杖《つえ》をにぎりしめている。日本の恩人に対する褒美《ほうび》として、貞明皇后（大正天皇の皇后）から贈られた杖である。

こんなに立派な褒美を贈られたからには、幸吉は、どこでも生きるわけにはいかない。

10 海の難所・大王崎《だいおうざき》の〝天の恵み〟とは何か

――海難事故が続出する村を襲った「波切《なきり》騒動」の真相

志摩・波切《なきり》でなければ起こりえなかった事件

志摩の大王町《だいおう》の波切《なきり》のことを「日本のカスバ」と呼んだひとがいる。せまい土地に、たがいに重なるように家が建ち、家のまわりには風防のために石垣を高く積んでいるので、はじめてのひとは迷路に入りこんだ錯覚におちいる。

フランス映画「望郷」の主人公、ジャン・ギャバン扮するペペ・ル・モコが警察の目をかすめて出没するアルジェのカスバを連想させるというわけだ。

警察に追われても波切に隠れれば安全、なんて保証はできないけれども、なにか困りごとをかかえて悩む人は、大王町の波切の薬師堂にお参りするとよろしいようだ。薬師堂は大王町の役場や漁業組合の近くにあって、「汗かき地蔵」とも呼ばれている。

薬師堂のお地蔵さんの姿をじっくり拝見すると、首をかしげているのがわかるはずだ。首をかしげるお地蔵さん――波切の「思案地蔵」というのがこれだ。

お地蔵さんは、いったい、なぜ、首をかしげていらっしゃるのか?

こんどは、こちらが思案投げ首をする番になる。

お地蔵さんの台座を見ると、十四人の名前みたいな文字が刻んである。名前みたいな文字だけど、名前ではない、戒名《かいみよう》です。

波切《なきり》騒動の供養に建てられた〝思案地蔵〟

た。

天保《てんぽう》元年（一八三〇）九月、波切はたいへんな事件にまきこまれ、十四人が命を落とした。

五百人以上もの人が有罪の判決を受け、とくに重い罪を受けた人は江戸に送られて牢死してしまったのである。

思案地蔵は、その十四人の霊をなぐさめるために建てられた。

「十四人の霊には涙を流すほかはない。だが、あれは波切のほかでは起こりえない事件ではなかったのだろうか？」

お地蔵さんが首をかしげているのは、この謎をかかえていらっしゃるからだろう。

海の難所・波切の荒波

志摩の波切——古くは「名錐」とか「菜切」と書いたこともあったが、やはり「波切」がいちばんぴったりと合っている。太平洋の荒波に、ぐさりと楔《くさび》をつっこんでいる感じがよく表われているからだ。

むかしから難所として船人に恐れられていた。

〽伊勢の神崎、国崎《くざき》の鎧《よろい》、波切大王がなけりゃよい昭和二年に大王崎の灯台が建てられ、現在は白色二十五万、赤色四万七千カンデラ、白色一八五、赤色一七五海里の光達距離をほこる。

螺旋《らせん》階段をぐるぐるまわって、海面から四十五メートルもある展望台からながめると水平線がまるくなって見え、〝地球〟というイメージが実感できる。

荒波は志摩にさまざまの海の恵みをもたらすが、そのうちでも格別に特異な恵みがあった。

漂流である。

昔の船は海岸から遠く離れずに航海する。

海岸を遠く離れてはならないという掟《おきて》があったからではなく、風をたよりに、浦から浦へとたどってゆくよりほかに仕方のない船の構造と技術だった。

最終目標の港まで、大洋を一気に渡ることができない。

波切の岬――大王崎をまわるときには座礁を警戒して、なるべく海岸から離れようとするけれど、荒れ狂う波と風の前に、船は思うにまかせない。

波切で座礁――航海関係者のあいだでは常識になっていた。ほかで難破しては恥ずかしいが、波切なら仕方ない、ということになる。

沈没したり、行方不明になったときは手の打ちようがないが、漂着した場合にそなえてこまごまとした掟がさだめられていた。

度重《たび》なる難破と破船の脅威

暴風や高波で船が沈没の危険にあると判断されたら、積荷を投げ捨ててよろしいという掟があって、これを「荷打ち」という。

荷打ちをしたら、船頭は遭難付近の浦役人にとどけて審査をあおぎ、荷打ちの処理が正当であったという証明書を発行してもらう。これを「浦証文」とか「浦手形」といった。浦証文がなければ、船頭は積荷の損失に対して個人で責任を負わなければならないのである。

もうひとつ大事な掟は「破船」に関するものであった。

荷打ちをするまでには至らないが、高浪や船の破損で積荷が濡れたりする損害が出ることを破船といった。

全国一律の掟があったわけではないが、自然の脅威と船頭の責任との割合を合理的に配分しなくてはならないという長年の経験からして、どこの港でもほぼ同様な掟になってい

航海の難所に建てられた波切の大王埼《だいおうざき》灯台

た。

積荷のうち、もっとも多量で重要なのはコメであった。

江戸時代には、各地から江戸に送るコメの量が急速にふえた。

各地に点在する徳川幕府の領地から江戸に送られるコメ——御城米《ごじょうまい》と、諸大名が江戸で消費、換金するために領地から送られるコメがあった。

西国からのコメのほとんどは波切の大王崎をまわって送られる、日本海北部のコメも瀬戸内海をへて大王崎をまわって江戸に運ばれる。

日本のコメの半分は大王崎をまわって運ばれる——そう言っても大袈裟ではなかったのだ。


難船のたびにおこなわれた〝海難審判〟

天保元年九月二十三日、

「小舟が流れ着いたぞ！」

「昨夜の風はひどかった、難破するのも無理はない」

いつものこととはいえ、難船の出現となると波切の浜は興奮する。

小舟で流れ着いたのは伊予《いよ》の船頭定助と水夫たちであった。

「お世話をかけますな。わたくしどもは伊予の御城米を江戸に送る途中のもの、昨日の強風で沈没の危機がせまり、荷打ちをすることもならぬまま、船を捨てて小舟にうつり、必死の思いで漕いで、ようやくこの浜までたどり着きました」

船頭の定助は、波切の役人に説明した。

御城米とあっては慎重にあつかわなければならない。

波切から少し北、的矢《まとや》湾の入口を扼《やく》する安乗《あのり》村に幕府の船番所が置かれていた。寛文《かんぶん》十二年（一六七二）、河村瑞賢《かわむらずいけん》が幕府の命令によって出羽《でわ》のコメを瀬戸内海経由で江戸に送る航路をひらいたとき、安乗に船番所を置いて御城米輸送を監督させることにした。安乗の港には船問屋が集まり、船宿や遊女屋ができて繁昌した。

波切の村役人から届けを受けた御城米役人はさっそく近江《おうみ》の信楽《しがらき》代官に報告した。

信楽代官は美濃《みの》・近江・伊勢の三国にある幕府領を支配する役所であり、志摩は四日市《よっかいち》代官の支配を受けることになっていたが、そのころは四日市代官にかわって信楽代官の支配を受けるようになっていた。信楽代官が安乗の船番所より上級機関なのである。

信楽代官所から、為八郎（または為作）という村役人が安乗に派遣されてきた。鳥羽《とば》藩主の稲垣対馬守《いながきつしまのかみ》の重臣も安乗にやってきて、いまでいう海難審判がはじまった。

海を漂流する御城米

船頭定助と水夫一同の申したては、つぎのようなものであった——遠州灘の沖で破船になり、水がはいってきた。沈没寸前になったので仕方なく船を乗り捨てて小舟にうつり、流れ着いたのが波切であった。

「本船は、いかがでしたか?」

「沖合数十里で水船になったのです、陸に流れ着くとは思われませぬ」

沈没したものと思われたが、なにせ御城米である、念には念を入れ、浦々の漁民を動員して周辺海域の探索につとめるとともに、当日の天候や漂流物の有無を聞き合わせた。

「ぞんじませぬ」

「漂流物を見たことはありませせぬ」

村々の役人が連帯署名をして浦証文が出来上がり、本船と積荷は「行方不明」として処理されたのである。

だが、あくまで一応の処理にすぎなかった。事態は、じつに意外な展開をみせるのである。

伊予船の船頭と水夫が小舟で波切に流れ着いたのが九月二十三日で、その翌日、漁に出ていた波切や船越《ふなこし》など六カ村の漁船が波間にただよう大型の船を見つけた。

仲間の船に合図して漕ぎ寄せてみると、八割がた水に浸かっていて沈没寸前、乗員はひとりも見当たらない。

乗りうつってみると、コメ俵があった。

絵符もなにもついていないので、まさか御城米ではあるまい、売り米にちがいない、それならばというので漁船に積みかえてもどり、六カ村で分け合って何知らぬ顔をしていた。

すでに浦証文は発行されている、沈没寸前の伊予船からコメを取ったのが発覚しないかぎり事件がむしかえされるおそれはなく、波切ほか五カ村は寄せくる波の恵みのコメを食って、しばしの幸せをたのしんでいた。

密告によって露見した〝波切騒動〟の顚末《てんまつ》

そこへ、密告者が現われた。

伊勢の土路《どろ》は幕府領である。その土路の者で、博打《ばくち》好きの男がときどき波切に来ては博打に加わっていた。幕府領の土路では警戒がきびしいので博打も思うにまかせないが、私領の波切なら警戒もゆるくて博打がやれるという事情があった。

この土路の男が事件の裏に気づき、信楽に行って、為八郎という村役人に訴え出たのが発端だという。この男の名前はわからないと「波切騒動記」には書いてある。

又右衛門《またえもん》という波切の男が密告したとする説もある。なにか不義理のことをして波切から追放された又右衛門が意趣返しに密告した、というのだ。

これはわたくしの推測だが、この男と為八郎とのあいだに取引があったにちがいないと思う。

「波切の伊予船について、意外な事実を聞きました。博打の罪を問わないと保証していただければ、申しあげないでもございませんが……」

「よろしい。お前が博打をしているのは知っておるが、お上《かみ》のためになることを申せば、博打のことは知らんことにしよう」

しかし、信楽の代官はすぐには事件の再調査に乗り出さなかった。土路の男から密告を受けた為八郎は上司に報告せず、これをタネに波切やほかの村々に強請《ゆす》りをかけたのであ

大王崎の海岸沖で、難破が相次いだ

る。土路の密告者も強請りに手を貸したにちがいない。

お前たちが伊予船からコメを奪ったのは知っておるぞ――そう聞いた漁民は青くなり、為八郎の強請りに応じないわけにはいかなかった。

だが、いつまでも強請りに応じるわけにはいかない。

どうするか？

天保二年の正月五日、例によって為八郎の一味八人が波切に乗りこんできて、「与太郎の家はどこか？」とたずねた。

「聞いたか、今夜は与太郎の家を強請るつもりだ」

「よーし。かねての計画、手違いのないように、いいな！」

とは知らない為八郎の一味が与太郎の家の戸をたたくと、

「こんな夜おそく、どなた？」

「どなたもこなたもあるものか、信楽の為八郎だ」

「信楽の為八郎？……さあて、一向に知らぬ名前だが」

「なにを言うか、ともかく戸をあけろ！」

「戸をあけろとは、そりゃ強盗じゃな！」

「強盗とは、とんでもないことを言う。信楽の為八郎といっておるのが、わからぬか！」

ドンドンと戸をたたいていて、ふと後ろを向くと、提灯をかざし、鎌や斧《おの》など、いろいろの武器に身をかためた村人が五百人ほども集まり、ひしひしと取り巻いている。

「お前たち、なにをするか！」

「だれか知らんが、強盗とわかってはそのままにはできん。ソレーッ！」

一斉におそいかかり、八人全員を縛り上げたうえに、そのうちのひとりは殺されてしまった。

じつをいうと、この夜、為八郎が波切にやってきたのは強請りのためではなかった。強請りを切り上げ、正式な再調査に乗り出そうと、信楽代官の役人を同道してきたのである。

波切や、ほかの村々としては、いつまでも強請られるのはかなわない。為八郎の一味を強盗に仕立てて縛り上げ、代官の関心を強盗事件にうつすことで御城米横領嫌疑の矛先《ほこさき》をそらそうと計画をたてたわけであった。

殺されたのはただの農民ではなく、信楽代官の現地雇いの下級役人だった。下級役人とはいっても、筋からいえば徳川将軍の臣下にちがいはない。それを強盗に仕立ててぶっ殺したのだから、ただではすまないことになった。

信楽役人襲撃に参加した嫌疑を受けた者がかたっぱしから検束され、薬師堂のそばの桂《けい》昌《しょう》寺をはじめとする、波切の大きな建物に押しこまれて連日の拷問がつづいた。その数は五百を超えたという。

五百人のうちとくに嫌疑の強い者が鳥羽に連れられ、いまは近鉄鳥羽駅周辺になっている佐田浜の急ごしらえの牢屋で、さらにはげしい取り調べを受けた。

もっとも罪が重いとされた数十人が江戸に送られて最終的な取り調べを受けたのだが、どうやら全員が牢死したらしい。

牢死というのは刑が決まらないうちに死んでしまうことだが、容疑者が牢死すると、その時点で裁判そのものが停止してしまい、責任追及がうやむやになる。それによって安堵の胸をなでおろす者が少なくないわけだから、牢死という結末の裏には暗い影があるとみてさしつかえないのである。

どうあっても隠し通したかった〝真相〟

なにしろ御城米の横領と代官所役人の殺害である、波切騒動の詳細な真相をあきらかにするのは困難だといわれる。

わたくしが参考にしている「波切騒動記」は、岩田準一《いわたじゆんいち》著『志摩のはしりかね』に付録としておさめられている。「波切騒動記」とならんで収録されている「天保記」という記録にも波切騒動のことが述べられている。

「天保記」によると、伊予船の破船は不可抗力によるものではなく、船頭定助や水夫が共謀した偽装難破であったことになっている。

「この船は御城米を盗み、方々へ売りきたりて、少し残しおき、水船にして沖中を流しおき、己《おのれ》らは伝馬《てんま》船にて何方《いずかた》へか逃げゆきしあとなり」

船頭や水夫が波切の浜に漂着したなどとは一言もいっていない。

船頭たちは、どうしたのか、この重要な一点でさえ、「波切騒動記」と「天保記」とでは明白な相違を示しているのだ。

岩田準一氏は、つぎのように解釈される。

「大事件であったがため、関係者は真相を隠蔽《いんぺい》しようとする心持ちから、諸説異説ありて定説のないのは当然であろう」

そのとおりに違いない。

とくに「波切騒動記」については、大切なことを隠したいからこそ、言わないでもいいことを、ことさらの大声で叫んでいるような印象さえするのである。

その一例を示す。

次郎蔵という者は三角の割木にすわらされたうえに、重しの大石を抱かされる拷問にも屈せず臆せず、役人に対して「波切言葉」で啖呵《たんか》を切ったといい、わざわざその「波切言葉の啖呵」なるものを逐一再現している。

「あぶらかいな、こりゃ何じゃいうぞ。面倒な、こんな者らいたら、かららもうれも、くらける。おれが皆いうてやりさえすりゃ、えいじゃないかれ。こないら五日の夜さり、ほうばいらと酒をのんれおったら、『盗人じゃ』というさかへ、『くらけ、殺せ』と鰹《かつお》船の大かぎれ、一ツくらわしたれば、『死んだ』というさかい、もう内へいこうとおもうて来る道れ、提灯をもってくる者があるさかへ、後れちょうちん、蹴やぶりました」

取り調べの役人は、言葉がわからないのに閉口したのか、その日の吟味は打ち切りにしたという。

この次郎蔵は、「鰹《かつお》船の大鉤《おおかぎ》でひとつ食らわしたら（信楽役人が）死んだときいた」と、みずからの殺害責任を堂々と白状している。

彼の白状が波切言葉の威勢のいい啖呵だったというところに、「波切騒動記」の筆者は力点を置いているわけだが、この強調によって読者につたわってくるのは「これだけは絶対に隠しとおすぞ」という決意である。

波切の者が隠したいもの、隠さねばならぬもの、役人殺害と御城米横領の事実を進んで白状することと引き替えに、どうあっても隠しとおそうと決意しているもの、それは何であったのか？

波切の人々の生死にかかわる〝掟《おきて》〟

事件は伊予船の船頭と水夫が小舟で波切の浜に漂着したことではじまった。

「波切騒動記」は船頭たちが漂着したとし、「天保記」は船頭は行方をくらましたとしているが、ここでは前者をとることにする。信楽代官が調査に出動し、海難審判の結末がついて浦証文が発行されたという「波切騒動記」の記事のすべてがウソだとは思えないからである。

とすると、船頭たちが漂着した翌日、波切の漁民が沖合で、水船になっている伊予船を偶然に発見したという記述はウソだといわなければならない。

伊予船の船頭が、船を乗り捨てて漂着した——このニュースはせまい波切の村にその日のうちに知れわたったはずだ。伊予船が御城米を積んでいたことも知れわたった。

波切の漁民たちは、伊予船に積んであるコメをめざして船を出したのである。沈没しないうちに、一刻も早く、とばかりに力を尽くして櫂《かい》を漕いだのだ。

だが、だれが考えてもウソとわかることを、「波切騒動記」は平然と記述するのである。

「はるかの沖間をみれば、大船の柱と覚しくて、沈みもやらぬ有様なりければ、助け船を呼ぶと心得……この日はいかなる悪日にてありけるや、漁事すくなきゆえ、みな彼の船へと漕ぎよりけれども、もとより横道をはたらく心にてはなけれども……」

「さすが正夫（凡夫？）の浅ましくも貪欲の心をおこし……」

「漁舟のものども、手に手に銛《もり》・擢・柄物をとりて船中へさしいれければ、なにか俵のようなるものに当たり、とりあげみれば米なれども……」

沈没寸前の船を見つけたのも、コメを見つけたのも偶然であったのです。しかし、われわれがいくら大声で「あれは偶然だったのだ」と言っても、皆様には信じてはいただけないでしょうね。信じていただけないのも仕方はないのです、われわれとしても、信じていただけるとは考えていないのですから——こんなふうな、まったく投げ遣《や》りの姿勢が感じられるのである。

ウソとわかるのを覚悟のうえでウソを書いて、平然としている。

バレてもバレなくとも、とにかくウソを言ってまで隠そうとしたもの、それは波切の村の歴史に深く根ざした秘密であったにちがいないと思う。

ひとつの事実に注目していただきたい。

安乗や信楽の役人が出張してきて海難審判がおこなわれていた。にもかかわらず、伊予船から拾い上げ、村人に分配したコメのことはまったく発覚しなかったのだ。

そのころの波切の人口は千五百人ぐらいであったと推定される。

「よいか、口が裂けても、伊予船のコメのことを言うのではないぞ！」

ひとりのこらず箝口令《かんこうれい》を敷くには多すぎる人口だ。

しかし、現実に箝口令は行き届き、伊勢の土路の博打打ちか、波切の又右衛門という男に密告されるまではコメのことはかたく秘匿《ひとく》されたのである。

なぜ、こんなに見事に秘匿されたのだろうか？

「口が裂けても、言うんじゃないぞ！」

そのとき、その場の、とっさの箝口令では、うまくいかなかったろう。

見事に秘匿された謎、それは、古い昔から、「破船のコメのことは言うものではない」という掟が波切の人々の肌にしみこんでいたからにちがいない。

掟を掟とも意識しないほどに、その掟は波切の人には根深くなっていたのだ。そうとしか、考えられないのである。

難破事故に明け暮れた人々の教訓

波切の大王崎の沖で難破した船の数は、記録に表われたものよりはるかに多数であったにちがいない。

波切の人は、難破船の積荷を「海の恵み」として捕獲することをならわしにしてきた。アワビやフカや真珠とおなじように、それは海の恵みであった。

善悪を論じれば悪事にはちがいないのだが、それならば、と波切の人は言い返す権利をもっていた——もっと沖のほうを航行すればよろしいではないか、のべつまくなしに難破しておれたちの手をわずらわせるのはやめたらいいではないか、と。

大王崎の沖で難破事故が起こると、なにはともあれ波切の漁民が動員され、船と乗員の安全や積荷の確保に力を尽くさなくてはならない。

海の幸とともに生きてきた波切の港

水に濡れた荷物――「濡荷《ぬれに》」という――が陸揚げされると、水害の程度に応じて、遭難現場で入札販売するか、最終目的地まで運搬するかが決まる。

前者の場合に波切の人が参加するチャンスがあるわけだが、たいていは廻船問屋か積荷問屋の巨大資本の前に敗北を喫してしまう。

せっかくの海の恵みは、波切の人にちょっとだけ姿をみせて、そのまま遠くへ運ばれてしまうのである。

これは残酷だ。

だから――これまた残酷にはちがいないのだが――波切の人は、暴風が吹いて、荷物を満載した船が大王崎の沖で沈没寸前になるのを待っている。

放っておけば沈没するが、いまのうちなら積荷だけはなんとかなる――このとき、波切の漁民は興奮するのである。

水平線のはるか向こうの難破船は、役人の目には見えない。

船に漕ぎつけていき、乗員が生きているなら荷物もろとも救助して陸にあげ、役所に海難の報告をする。

乗員がすでに死んでいるなら、手厚く弔《とむら》ったあと、役所には黙って荷物を陸揚げする。

海の恵みなのだ、いちいち役人に報告するまでもない。

何年に一回、何十年に一回の出来事ではあっても、この経験が波切の人に教訓を与えていた。海から拾ったもののことを、いちいち役人に言うものではないのだよ、という教訓である。

〝難破〟は船頭と村人の偽装工作だったのか

伊予船の船頭は御城米を各地で売ってしまい、残りを船に置いたまま行方をくらました
――「天保記」はこう書いている。

船頭が行方をくらましたはずはない。海難審判がおこなわれ、浦証文が発行されたのを疑うわけにはいかないからだ。

浦証文を必要とするのは船頭にほかならず、もし船頭が行方をくらましたのであれば、相手が存在しないのだから浦証文が発行されたはずがない。

では、伊予船の船頭が各地で御城米を売り払ったあと、波切の沖での難破を偽装して小舟で逃亡したという「天保記」の記述は、どうあつかったらいいか？

わたくしとしては、船頭が御城米を売り払ったというのは事実で、行方をくらましたと

いうのはウソだとみたいのだが、おなじ資料の一部を採用しながら、別の一部を否定するのは自分に都合のいいところだけをつまみ食いする、悪い態度である。

そこで、苦しまぎれに、こういう手を使いたい。

船頭の漂着という事態に対して、波切には伝統的な解釈があったのではないか。それは、船頭が漂着してきたときには、波切の漁民に対して合図をしているのだ、という解釈ではなかったろうか。

なんの合図かというと、

「難破は不可抗力だったと証言してほしい。そうすれば、沖の水船のコメはみなさまの物になるのだから」

こういう合図ではなかったのか。

ハハーン、この伊予船の船頭は、ここに来るまでのあいだ、浦々で御城米を売り払ってきたんじゃないかな?

すぐに見当はつくのだが、そんなことは波切の漁民の知ったことではない。

口をそろえて、難破は不可抗力であったと証言する。不可抗力であったという審判が下されれば、船頭の御城米横領の完全犯罪が成立するのだが、これまた波切の人の知ったことではない。

はるか沖合に浮いている船にはコメが積んであり、波切漁民が捕獲に来るのを待っている。一粒残さずにコメを陸揚げする、それだけが波切の人の関心なのだ。

以上のことは、わたくしのまったくの推測にすぎないのであり、「そうか、波切の漁民は海賊をやっていたのか!」などと誤解しないでいただきたい。

それにまた、海にポカポカと浮いているコメを取ったからとて、それはけっして海賊行為なんかではない。たんなる捕獲行為にすぎないのだ。

——そうですね、波切の思案地蔵さま?

——うふふ。まあ、そういったところ、かね。

波切の名物・難破船の恵み

参考にした岩田準一著『志摩のはしりかね』という本のタイトルに興味をおもちになった方も多いだろう。

「はしりかね」とは「ハシリガネ」と発音し、志摩の浦々で船乗りたちを相手に営業していた遊女のことだ。

浦々では、それぞれ固有の名称があったのだが、志摩の遊女の総称としてはハシリガネが通用していた。

語源には諸説がある。

①船乗りたちの衣装のほころびをつくろうこともあったから「針師兼ね」で、ハリシカネがなまってハシリガネになった。

②カネとは歯を黒くそめる鉄漿《かね》のことだ。船が港に入ってくると、仲間の遊女に客を奪われまいとして走りながら鉄漿を染める。だから「走り鉄漿」という名称になった。

岩田準一氏の説を紹介すると、ハシリとは「最初の」とか「真新しい」といった意味からきているという。

大坂から江戸をめざす船にとって、志摩の浦々が最初の停泊地になる。志摩のつぎは伊豆まで停泊しないのがふつうだ。

つまり、航海をはじめてから最初にくつろいだ気分で過ごすのが志摩の浦々であり、それだけに、志摩の遊女を相手の遊びにはことさらの感慨がこめられ、「カネの使いはじめ」といった意味がハシリガネの名称になったのだろうという。

ハシリガネは遊女だが、幕府や鳥羽藩の許可を受けた正式の遊女ではない。たいていは下女の名目で遊女として稼いでいたから、洗濯の道具や菜っぱの束をかかえ、小舟で船に乗りつけていった。

ハシリガネは志摩の浦々の名物だったが、波切にはハシリガネはいない。波切という名を聞くだけでも怖じ気をふるうのが船乗りというもので、他国の船が停泊できるような安全なところではなく、それだけの設備もない。

波切のほかの浦々にとっては、ハシリガネを相手に散財してくれる船乗りたちは人間のかたちをした海の恵みだったといえるが、波切にはそういう恵みはなかったのだ。

そのかわりに、というのもおかしいが、しばしば難破船という恵みがあったのだと考えれば理解しやすい。

11

伊勢を掌握《しょうあく》した野望の武将たち

——海を制した平清盛《たいらのきよもり》、九鬼嘉隆《くきよしたか》の盛衰

海の道・伊勢路と平氏

〽伊勢は津でもつ　津は伊勢でもつ
尾張《おわり》名古屋は城でもつ

（伊勢音頭・道中唄）

県庁所在地のうち、三重県の津はもっとも簡単な発音で話題になる――「つ」。ふるくは安濃津《あのうつ》といった。伊勢の安濃《あのう》郡の津（湊《みなと》）という意味だろう。戦国時代までは安濃津と津とが併用されていたが、江戸になってからは津に統一された。

保元《ほうげん》元年（一一五六）のころ、勇ましい軍陣備《いくさぞな》えながらも華《はな》やかな雰囲気を失わない一団が、安濃津の港から船出していった。

一行の中心にいるのは平　清盛《たいらのきよもり》だ。安芸守《あきのかみ》として権勢をふるう清盛は、平氏一門のさらなる繁栄をねがって熊野権現参詣《くまのごんげんさんけい》の旅に出てゆくのである。

京都から熊野へゆくには紀伊路と伊勢路との二通りがあった。はやくひらけたのが紀伊路で、淀川《よどがわ》沿いに和泉《いずみ》に出て、岸づたいに南下して熊野をめざす。山を越え、谷を渡る難所の連続だ。

平安時代のなかごろから海路を主とする伊勢路がひらけたが、志摩の大王崎《だいおう》をまわるの

熊野へ向かうには、大王崎の荒波を越えなければならない

がなかなか苦しい。
後白河《ごしらかわ》法皇が編集した『梁塵秘抄《りようじんひしよう》』に、つぎの歌がおさめられている。

〽熊野へ参るには、紀路と伊勢路のどれ近し、どれ遠し。
　広大慈悲の道なれば、紀路も伊勢路も遠からず。

熊野権現の慈悲にすがろうというのに道を選ぶのはナンセンスだ、とにかく第一歩を踏み出しなさい、というわけである。

じっさいには、いずれかを選択しなければ仕方がないのだが、平清盛の場合には選択の余地はなかった。ほかならぬ平氏が熊野に参詣するのだ、伊勢路に決まっている、紀伊路はありえない。

なぜか？

平氏隆盛の基盤だった〝伊勢〟の地

津から伊賀《いが》街道を少し西に進み、伊勢自動車道をくぐったところの産品《うぶすな》という地区に「平氏発祥伝説地」の石碑が建っている。ふつうの地図には「忠盛塚《ただもりづか》」という名が書いてあるかもしれない。

平氏発祥といっても、より正確には伊勢平氏発祥の地である。

平貞盛《さだもり》の子として伊勢に生まれた維衡《これひら》は、寛弘《かんこう》三年（一〇〇六）伊勢守《いせのかみ》に任じられて伊勢平氏の基礎をきずいた。

維衡が伊勢守に任命される数年前に、平致頼《むねより》と伊勢国内で戦って国司の怒りをかい、維衡は淡路《あわじ》に、致頼は隠岐《おき》に流された。伊勢には少なくとも二系統以上の平氏があって、覇権を争っていたのがわかる。

合戦をしていて旗色が悪くなると、神郡に逃げこんでしまう者もあった。神郡というのは伊勢神宮の領地に指定されている度会《わたらい》・多気《たき》・飯野の三つの郡《こおり》のことで、ここは聖域だから、朝廷も伊勢国司も迂闊《うかつ》には手が出せないのである。神宮の不可侵性が平氏勢力の増強に一役かっていたのがわかる。

維衡系と致頼系との争いは維衡系の勝利に終わり、さらに維衡系内部の貞清系と正盛《まさもり》系の争いは正盛の勝利となり、貞清は安濃津を正盛にゆずって桑名《くわな》にうつっていったようだ。

正盛の一族は安濃川や岩田川の流域に勢力をひろげていった。これが伊勢平氏といわれる武士団で、安濃津という伊勢きっての交易の要衡をにぎったのが勢力拡大の最大の原因だった。

全盛期の平氏が瀬戸内海交易を一手ににぎり、さらに遠くは大陸交易にまで手をひろげていたのは有名な話だ。平氏といえば水軍――海――貿易と連想がふくらむが、それは安濃津という交易の要衝をにぎることで成長した平氏の歴史そのものの姿なのだ。

正盛は白河《しらかわ》上皇にとりいって登用され、その子の忠盛が鳥羽《とば》上皇に重くもちいられて、平氏としてはじめて殿上人《てんじょうびと》になった。

忠盛の子が清盛である。

そのころはもう伊勢から京都にのぼって日本最大最強の武士集団として羽振りをきかせていたが、父祖の地の伊勢・伊賀・志摩を手放すはずもなく、もっとも頼りになる土地としていた。

そういうわけだから、清盛が熊野に参詣するなら伊勢路と、選択の余地なく決定されていたのである。

平清盛――伊勢路での奇妙な逸話

安濃津から伊勢の海に漕ぎ出した清盛の船に、ポチャーンと音をたてて一匹の大きな鱸《すずき》がとびこんできた。

案内役として熊野からやってきている先達が興奮して、言う。

「熊野権現の御利生《ごりしょう》にちがいありません、さっそく召しあがれ！」

そうだな、すぐに刺身にせよ——とは簡単に言えない場面だ。

熊野参詣の途中である、ふだんよりもなおいっそう精進潔斎《しょうじんけっさい》にはげみ、汚《けが》れをはらって進まねばならぬ。とびこんできた鱸を、それもナマのままでむしゃむしゃと食ったなら、たちまち権現の怒りにふれる。

それはそうではあるが——と清盛は考え直す——周《しゅう》の武王《ぶおう》が殷《いん》の紂王《ちゅうおう》を討ちにゆく途中で黄河《こうが》を渡っていると、船のなかに白い魚がとびこんできた。これがじつは紂王をたおして覇権をにぎる吉兆であったのだ。

「よろしい、これは吉兆なのだ。熊野権現も理解してくれるはず、全員で食って平氏全盛を祈れ！」

神の加護を祈るには精進潔斎をきびしくしなければ——これは常識である、タブーである。しかし、常識とかタブーなどというものは、すでに揺るぎない地位と権力をにぎっているものには役にたつが、やっと安芸守になっただけの、先がどうなるやら不安な平氏が精進潔斎だとか斎戒沐浴《さいかいもくよく》だとか騒いでも、しょせんは猿芝居、「あいつら、自分が何さまだと思っているのか」と笑われるのが関の山。

発展途上勢力は既成の常識やタブーを破ってこそ陽《ひ》の目をみるのだ。だから清盛は鱸を食い、供の者にも食わせて将来に賭けたわけだ。

それなら俺もと、津の海にボートを漕ぎ出し、鱸を釣って将来に賭けようというのはダメだ。

清盛の船には、鱸が向こうからとびこんできたから吉兆となりえた。

この者には、常識を破ってまでも賭けるに値《あたい》する将来があるかどうか、それを判断するのは鱸であってご本人ではない。

伊勢平氏発祥の地に残る「忠盛塚《ただもり》」

ところで、忠盛塚のある産品という地名はおもしろい。

産品ではウブシナとも発音しているようだが、これは歴史事典や古語辞典ではウブスナと書かれ、「産土」「本居」という字が当てられるのとおなじとみていい。

産土とは「生まれた土地」の意味で、生まれた土地の神が自分を守ってくれるという産土信仰の基礎になっている。

古代の日本に生まれた人間のすべてにとって産土はあるわけだが、例によってというか、古代であればこそなおさらにというか、権力者、偉人の産土が問題になるのであり、庶民の産土などについて、歴史は鼻もひっかけてくれない。

このあたりには「長谷《はせ》山古墳群」と呼ばれるたくさんの小円墳がある。

古墳からはたくさんの埋葬品が発見され――盗掘もあるだろう――なんという偉人の墓であるのかと詮索がはじまるのは今も昔もかわりはない。

こういう詮索は、落ち着くところに落ち着くのがふつうである。言い換えれば、有名人の古墳であったという説が説得力をもつ。

「なに？　そんなひと、知らんな」

「もっと有名なひとに関係がつけられないのか？」

という要望が出て、安濃津と京都を結びつけた点ではもっとも有名な平忠盛の名が固定したのではないかと推測するわけである。

ここの塚は「忠盛生誕の地」に比定されていて、忠盛の胞衣《えな》を埋めたところ、忠盛が産《うぶ》湯《ゆ》をつかった池があったところだと説明される。

生誕の地と古墳とでは矛盾もはなはだしいが、埋葬品のうちに、どうみても胞衣としか考えられないものがあり、それひとつに注目した結果の忠盛生誕地説であったろう。平氏の時代は古墳時代よりずっと新しいではないか、なんて言ってみてもはじまらない。伊勢平氏の基礎をつくった忠盛は伊勢に生まれた。それならば、伊勢のどこかに生誕の地がなくてはならないのだ。

熊野に通じるもうひとつの路《みち》・紀伊路

平治《へいじ》元年（一一五九）十二月四日、清盛は一族をひきいて、またまた熊野参詣に出かけた。

数年前の熊野参詣では、船にとびこんできた鱸をむしゃむしゃと食った意気が権現の御《ぎょ》意《い》にかなったらしく、清盛はとんとん拍子の出世をとげ、保元の乱（一一五六）では勝馬の後白河天皇に賭けるという好運にめぐまれた。

こんどの熊野参詣では、先年の参詣に対して示された権現の威力に感謝し、ひいてはなおいっそうの加護を祈るための正月元旦の神殿参籠を計画している。

京都では、清盛のライバル源義朝《みなもとのよしとも》と藤原信頼《ふじわらののぶより》とが手を組んで、まず藤原信西《しんぜい》を討ちとり、異変を聞いて飛んで帰ってくる清盛を破って天下をにぎろうというクーデターを計画していた。

そんなこととは露も知らない清盛が熊野をめざしていた十二月九日、義朝と信頼のクーデターが決行された。

京都六波羅《ろくはら》の平氏の館《やかた》から急を告げる使者が発ち、紀州の「切部の宿」で清盛に追いついたという（『平治物語』）。

切部とは「切目《きりめ》」のことで、熊野神社の末社のひとつ、五体王子《ごたいおうじ》神社があるところだ。所在地は和歌山県日高《ひだか》郡印南《いなみ》町で、熊野参詣路の紀伊路はこの切目からさらに海岸づたいに田辺《たなべ》に進み、田辺から山道にはいる。

船に鱸がとびこんできたときの清盛の熊野参詣は伊勢路だったが、こんどは紀伊路経由だったのである。

信頼と義朝のクーデターを知った清盛は真っ青な顔になり、

「この軍勢ではダメだ。四国に逃げ、態勢をたてなおして京都奪回の作戦を練ろう」

すっかり弱気になったが、長男の重盛《しげもり》がいますぐ京都にとって返す作戦を主張してやまず、そのとおりにした結果が清盛の大勝利につながった。平治の乱である。

それはさておき、前回は伊勢路を通った清盛が、こんどはなぜ、紀伊路経由で熊野に参詣したのだろうか？

熊野灘《なだ》と枯木《かれき》灘を掌握していた「熊野水軍」

清盛が京都に帰る決心をかためたのは、湯浅宗重《ゆあさむねしげ》という紀州の武士と熊野権現の別当の湛快《たんかい》という僧が応援してくれるとわかったからだ、と『平治物語』や『愚管抄《ぐかんしょう》』は説明している。ここに謎があった。

伊勢平氏の根拠地といえばまず伊勢であり伊賀であり、そして志摩だ。極端にいうと、平氏は伊勢湾沿いの土地と海にしか勢力の根がなく、日本の政治と経済の表舞台の瀬戸内海地方にはほとんど足がかりがない、ということになる。

船に鱸がとびこんだときの熊野参詣では、たとえ清盛が「伊勢路をゆくと軽蔑される、危険でもいいから紀伊路をゆきたい」と意気込んでも、決行するには危険が多すぎたのである。紀伊路、言い換えれば瀬戸内海沿岸には平氏の敵が満ちあふれていたのだ。

こんどは、事情が変わっている。

少なくとも熊野の別当の湛快という強力無比の勢力が、「もし京都にお帰りになるなら、援助いたしますよ」と申し出てくれる状況になっていた。

熊野権現の別当湛快――熊野灘《なだ》をゆく船にとって、敵にまわしてこれぐらい恐ろしい名前もなく、味方にしてこれほど頼もしいものはなかった。

別当湛快は「熊野水軍」をにぎっていて、そのうえに熊野権現という神秘に満ちた信仰の権威を一身にそなえている。熊野の山と海には、湛快に抵抗できる勢力はありえなかった。湛快の保護を手に入れようとして汲々とする者ばかりだった。

その湛快を味方につけるまでに、清盛の政治力は増強していたのである。

こうなればもう、伊勢路で熊野参詣をして、「自分の庭でだけしか威張れないやつ」などと軽蔑されることはない。こわいものは何にもないぞとばかりに、紀伊路を大手を振って熊野に参詣したのだ。

そうはいっても、湛快が平氏の出身であったとか、思想信条のうえで平氏のファンであったとかいうこととは関係がない。

熊野権現は、朝廷との強い関係を必要としていた。法皇や皇族がしばしば参詣してくれるからこそ、熊野権現の権威を維持できる。朝廷との強い関係を維持するには、政権掌握者の機嫌をとっておくにこしたことはない。

つぎは平氏である——そう判断したからこそ湛快は、清盛の京都奪回作戦に協力を申し出たのである。

熊野三山というと本宮《ほんぐう》大社・那智《なち》大社、そして新宮《しんぐう》と呼ばれる速玉《はやたま》大社だ。速玉大社は和歌山県のもっとも東の新宮市にあり、近くに別当屋敷町がある。熊野別当はここに居をかまえて水軍を動かし、熊野灘と枯木灘《かれきなだ》の海を思いのままに支配していたのであった。

鳥羽《とば》に城塞を構えた「九鬼《くき》水軍」

海賊というと、略奪と合戦というイメージが先行しがちだが、そういうものではない。暮らしや稼ぎの重点が陸よりも海にあるひとびと、それが海賊というもので、やむをえないときには合戦をするが、合戦に明け暮れているわけではない。

陸の武士とおなじで、合戦は儲かるものではない。合戦ばかりやっていたらメシの食い上げになってしまうのだ。

海賊の歴史については『歴史を変えた水軍の謎』（祥伝社）を読んでいただくことにして、志摩半島の突端の鳥羽《とば》に注目しよう。

鳥羽の観光といえばパール・アイランドが筆頭だから、真珠を買ったあとで、少し足をのばして鳥羽城址に行ってみるのも結構でしょう。

ＪＲ鳥羽駅の南へ一キロほど行ったところに鳥羽城址がある。

ここはもう海岸であり、したがって鳥羽城址も海に面している。

海に面して建てられた城はめずらしいものではないが、九鬼嘉隆《くきよしたか》が戦国末期の文禄《ぶんろく》三年（一五九四）に築城した鳥羽城は、大手門が海に向かってひらいているという、ほかに例のない「海城」だった。

もう少し正確に言うと、いまは城山と呼んでいる標高四〇メートルの丘陵が当時は陸とは離れた島であって、この島の四囲に石垣をめぐらし、藤口門・不動門・大橋によって本土側と連絡していた。城下町は橋を渡った本土側につくられたのである。

もっと簡単に言うと、島を、そっくりそのまま城にしたわけだ。

石垣のすぐ内側にぐるりと堀を掘り、海水をひきこんで外堀にしていた。

まわりがぐるりと海なんだから石垣や外堀は無用じゃないかと思うが、防衛する立場の心理には有効で必要だったかもしれない。

敵が攻めてきたら、将兵は本土側の城下町から、島である城にうつって戦う――これはもう、城よりは戦艦だというほうがわかりやすい。

九鬼嘉隆の鳥羽城は戦艦であった。

九鬼嘉隆自身はもちろん、嘉隆の家来たちの全員が、戦艦の城にいるほうが気分が落ち着くのである。

別の言い方をすれば、城のまわりに海があって、満ちてくる潮のピチャピチャという音を耳にしていないと不安になってしまい、防衛戦争どころではなくなるのだ。

鳥羽城をつくったのが九鬼嘉隆ではなく、別の大名だったなら、まっさきに島と陸のあいだの水域を埋め立てていたはずだ。

そうしておいて、前面を陸に、背面を海に向ける城、たとえば毛利《もうり》氏が萩《はぎ》の指月《しづき》山につくった萩城みたいなものを建てたにちがいないのである。

なぜ、かくも奇妙な城を、九鬼嘉隆はつくったのか——彼が海賊だったからだ。

信長と手を結び、志摩一帯を握った海賊

伊勢湾の海岸はほぼ直線だが、鳥羽のあたりから曲線が多くなり、志摩半島をまわったところから岬と入江とが交互するリアス式海岸になる。

岬の背後には山が迫っているので、隣りの村にゆくのも山を越えなければならないほどだ。山を越えるよりは、いったん海に出て、岬をぐるっとまわるほうが手軽だ、ということになる。

これが熊野灘に面した入江に海賊が発生した理由である。

尾鷲《おわせ》から少し南に九鬼（九木）がある。九鬼氏はここの出身だった。

地図を見れば九鬼浦の狭苦しさは一目瞭然である。勢力を拡大するには、南か北か、いずれにしても九鬼浦から脱出する必要があった。

南への移動は不可能である。すでに熊野別当の勢力が根をはやしていて、弱小勢力の九鬼氏の歯がたつ相手ではない。

嘉隆から七代前の隆長《たかなが》のとき、九鬼氏は浦々をつたって北への移動を開始し、志摩半島の波切《なきり》に本拠をうつした。波切の突端にあるのが大王崎である。

波切という土地や大王崎の重要性については10章「海の難所・大王崎の〝天の恵み〟とは何か」で詳しく見てきたが、いまは、ここを支配する者は大王崎の沖の制海権をにぎったも同様だということを確認していただきたい。海賊九鬼氏の存在はひとまわり大きいものになった。

それほど重要な波切を平家が放っておくはずはなく、平家の武士が警護役として駐在していた。

波切の西北、磯部の五知に「寿福寺《じゆふく》」があり、この寺には「平家の赤旗」が二枚所蔵されているという(『三重県の歴史散歩』)。波切の警護に当たっていた平家の武者とのゆかりが考えられる。

九鬼隆長が進出したころ、平家の威勢は衰えていたらしく、隆良のときに波切城が築かれた。

志摩の浦々には海賊がいて、たがいに争っていたが、九鬼氏の進出に対しては「七島《しちとう》党」という連合を組織して対抗した。

七島党グループの戦闘力はたいしたことはないが、七島党をやっつけたにしても、その先には伊勢の国司の北畠《きたばたけ》氏がひかえている。

北畠との戦いが一進一退をくりかえしているうちに九鬼氏の代はつぎつぎとかわり、嘉隆の代になった。

嘉隆は依然として北畠と戦っていたが、そこへ現われたのが織田信長だった。嘉隆は信長の伊勢攻略に協力して功績をあげ、ついに志摩の全体を支配するまでになった。

九鬼《くき》家の霊が眠る墓

九鬼家の菩提《ぼだい》寺、波切の仙遊寺《せんゆうじ》

伊勢長島《ながしま》の一向一揆との戦い、摂津《せっつ》（大阪）の石山《いしやま》本願寺包囲作戦で、九鬼嘉隆の水軍はめざましい働きを示していた。

そして、ついに波切から鳥羽に本拠をうつすことになったのだが、そうなっても海賊の気分からは抜けられない。

いや、鳥羽への進出が決まったときに、九鬼嘉隆と家来たちは口々に言いあったにちがいないのである。

「おれたちは陸で育った武士ではない。海がおれたちの母であり、父なのだ」

「気分が海から離れれば、それは九鬼一族の破滅のときだぞ」

あくまでも海から離れないように——その気持ちが大手門を海に向ける鳥羽城をつくらせたのである。

答志《とうし》島・潮音《ちようおん》寺に伝わる九鬼嘉隆の無念

九鬼嘉隆を大名にひきあげた信長は明智光秀《あけちみつひで》に討たれ、光秀を破って信長の政権を継承した秀吉も世を去った。

そして慶長《けいちよう》五年（一六〇〇）九月の関ケ原の合戦で九鬼嘉隆は西軍へ、息子の守隆《もりたか》は東軍へと分かれて属した。

こうしておけば、父か子か、どちらかは生き残れるのである。生き残った者が敗者の側についた者の助命を嘆願すれば、たいていはゆるされるはずだった。

天下分け目の戦いが東軍の大勝利に終わったとき、嘉隆は計算どおりに鳥羽の沖の答志《とうし》島にうつり、潮音寺という禅寺で剃髪《ていはつ》、出家した。恭順の姿勢をあきらかにして、徳川家康の寛大な処分を待つわけだ。

息子の守隆は必死の思いで父の助命を嘆願したから、家康の気持ちもなごみ、高野《こうや》山での隠棲《いんせい》を条件に嘉隆の赦免《しゃめん》が決まった。

守隆の使者が赦免状を持って鳥羽に走る途中、嘉隆の自殺を告げる使者と出会った。

「よろこべ、大殿さまのお命はすくわれたのじゃ！」

「そうか！　しかし、おそい、おそかったのじゃ！」

一説によると、答志島にいた嘉隆は「故郷のほど、なつかしくおぼしめされ、紀州へお越しなされた」という（『志摩軍記』）。

この「故郷の紀州」とは九鬼浦であったにちがいない。

答志島にいるよりは、九鬼氏の故郷の九鬼浦に引退したほうが恭順の姿勢を鮮明に表明できると判断したのだろう。

しかし九鬼浦は、海賊九鬼氏の発祥の地ではあっても、大名の九鬼嘉隆の故郷ではなかった。

「一夜の宿も貸したてまつる者もなく、いつしか人のこころもかわり、親しき人も疎《うと》くなり……」

嘉隆が受けた冷たい仕打ちは、もはや時代が海賊というものを尊敬しなくなっていたことのしるしであった。

答志島にもどった嘉隆は、洞仙庵で自害した。潮音寺に合併されいまは公民館となっている洞仙庵には嘉隆の首塚と胴塚が建てられ、胴塚が嘉隆の墓となって五輪塔が建てられている。

答志島の嘉隆の塚と、磯部の寿福寺にあるという二枚の平家の赤旗——志摩の海に育てられ、そして滅びていったふたつの勢力の遺産としては、あまりにもわびしい。

老若を問わず、今なお日本人の心に訴えかける伊勢神宮(内宮)

祥伝社黄金文庫

新版　伊勢神宮《いせじんぐう》の謎《なぞ》——なぜ日本文化《にほんぶんか》の故郷《ふるさと》なのか
日本史《にほんし》の旅《たび》

平成25年7月30日　初版第1刷発行

著　者　高野《たかの》　澄《きよし》
発行者　竹内和芳
発行所　祥伝社《しょうでんしゃ》
〒101－8701
東京都千代田区神田神保町3－3
電話　03（3265）2084（編集部）
電話　03（3265）2081（販売部）
電話　03（3265）3622（業務部）
http://www.shodensha.co.jp/

印刷所　堀内印刷
製本所　積信堂

　ISBN978-4-396-31615-0 C0195